谨以此书献给川北医学院建校70周年！

医心向党 医梦启航
——川北医学院思想政治理论课学生社会实践成果集萃

主 编 ◎ 张 勇 张 玲
副主编 ◎ 江海粼 王 驰 王廷龙
参 编 ◎ 苟 泽 李美娟 龚晓琴 刘绍容
　　　　蒲 兰 陈 茹 霍 涛 李卓成

四川大学出版社

图书在版编目（CIP）数据

医心向党　医梦启航：川北医学院思想政治理论课学生社会实践成果集萃 / 张勇，张玲主编. — 成都：四川大学出版社，2023.8
ISBN 978-7-5690-6297-7

Ⅰ.①医… Ⅱ.①张… ②张… Ⅲ.①川北医学院－思想政治教育－社会实践－成果－汇编 Ⅳ.①G641

中国国家版本馆 CIP 数据核字（2023）第 148777 号

书　　　名：	医心向党 医梦启航——川北医学院思想政治理论课学生社会实践成果集萃
	Yixin Xiang Dang　Yimeng Qihang——Chuanbei Yixueyuan Sixiang Zhengzhi Lilunke Xuesheng Shehui Shijian Chengguo Jicui
主　　　编：	张　勇　张　玲
选 题 策 划：	宋彦博
责 任 编 辑：	宋彦博
责 任 校 对：	张艺凡
装 帧 设 计：	墨创文化
责 任 印 制：	王　炜
出 版 发 行：	四川大学出版社有限责任公司
	地址：成都市一环路南一段 24 号（610065）
	电话：（028）85408311（发行部）、85400276（总编室）
	电子邮箱：scupress@vip.163.com
	网址：https://press.scu.edu.cn
印 前 制 作：	四川胜翔数码印务设计有限公司
印 刷 装 订：	四川五洲彩印有限责任公司
成 品 尺 寸：	170 mm×240 mm
印　　　张：	10
字　　　数：	180 千字
版　　　次：	2023 年 9 月 第 1 版
印　　　次：	2023 年 9 月 第 1 次印刷
定　　　价：	48.00 元

本社图书如有印装质量问题，请联系发行部调换

版权所有◆侵权必究

前　言

　　思想政治理论课（简称"思政课"）是落实立德树人根本任务的关键课程。思政课社会实践是思政课的重要组成部分，能够帮助大学生正确认识世情、国情、党情和民情，推动马克思主义中国化理论成果入脑入心，促进大学生养成理论联系实际、务实高效的作风。作为培养担当民族复兴大任的时代新人的重要途径，思政课社会实践兼具课程育人和实践育人的双重功能，能将思政小课堂和社会大课堂有效结合起来。通过社会实践，学生从书本、课堂走向社会生活，深入地观察社会情势，将课堂所学"内化于心、外化于行"，自觉培养创新意识和担当精神，不断增强服务社会的本领，为推动国家建设和社会进步打下坚实的基础。

　　重视社会实践教学是川北医学院思政课教育教学的优良传统。学校自2011年开始，就把"两课社会实践"作为必修课程单独开设，要求本科学生在大二暑期、专科学生在大一暑期开展为期至少一周的社会实践活动，实现了社会实践教学在校学生全覆盖。学校成立了由校党委书记、校长担任组长，其他校领导担任副组长，宣传部、教务处、学工部、校团委、各二级院（系）、思政课教学部门等部门负责人担任组员的思政课教学领导小组。学校形成了校党委统一领导，党政齐抓共管，思政课教学部门负责具体实施，其他部门协作配合的社会实践教学工作机制。学校每年发布思政课社会实践教学方案，马克思主义学院制定思政课社会实践教学大纲、选题指南，马克思主义学院全体教师参与学生社会实践教学的指导工作。

　　2021年是中国共产党成立100周年、川北医学院建校70周年的特殊年份。为了将主题教育与社会实践紧密结合，学校确立了本次暑期社会实践的主题为"永远跟党走，奋进新时代"。2021年7月19日至8月29日，学校2019级本科、2020级专科各专业学生以团队或个人方式，围绕践行习近平新时代中国特色社会主义思想，庆祝中国共产党成立100周年、川北医学院建校70周年，助力乡村振兴等，前往爱国主义教育基地、革命老区、农村乡镇、城市社区、医疗机构、厂矿企业等地方，开展以政策宣讲、卫生宣传、走访调研、扶贫济困、支教支农、医院见习等为具体内容的社会实践活动。我们的学生走出课堂，在实现"中国梦"的生动实践中放飞青春梦想，在为人民利益的不懈奋斗中书写人生华章。

本期社会实践结束后，我们共收到3980份实践报告。马克思主义学院全体教师参与了对实践报告的批阅，张玲、苟泽、王廷龙、王容、龚晓琴、江海郯、陈茹、何洲、吴敏、李宁、苏承英、许珍荣等12位教师精选出了18份优秀实践报告结集出版。尽管这些实践报告还稍显青涩、稚嫩，在选题确定、方法设计、理论分析等诸多方面还存在不足，但它们所蕴含的青春理想、创新意识、担当精神是宝贵的。我们希望这些小小的成果能为高校思政工作者和大学生提供借鉴，更好地引导大学生积极投身社会实践，立鸿鹄志，做奋斗者，为中华民族伟大复兴贡献自己的智慧和力量。

本书在编写与出版过程中得到了校团委、各二级院（系）、马克思主义学院全体老师以及全校学生的积极支持，得到了四川大学出版社的热情帮助，在此一并表示诚挚的感谢！由于编者水平有限，加之时间仓促，不足之处在所难免，敬请各位读者批评指正。

编者
2023年3月

目　录

第一篇　三下乡

童心向党，医梦启航
　　——川北医学院临床医学系赴射洪市党史教育理论宣讲队实践纪实
………………………………………………………………………………（003）

惟心向党，医路长征
　　——川北医学院《惟医》通讯社赴遵义市理论普及宣讲队实践纪实
………………………………………………………………………………（024）

"家校协同1+N教育实践与探究"社会实践报告…………………（060）

青春当奋斗，实践增才干
　　——赴筠连县大雪山镇社会实践报告……………………………（063）

彝海红霞映丹心，社会实践促成长…………………………………（067）

传承红色基因，赓续红色血脉………………………………………（072）

岁月蹁跹，不负勇往…………………………………………………（076）

脱贫攻坚，小村致富密码……………………………………………（078）

第二篇　医院见习

疫苗接种志愿行，医院见习长才干……………………………………（083）

重庆市江津区第二人民医院见习报告…………………………………（086）

返乡志愿行，青春勇担当………………………………………………（090）

第三篇　社会调查

关于盐亭县农村居民对食管癌认知现状及饮食状况的调查报告
………………………………………………………………………（095）
关于盐亭县富驿镇居民对食管癌认知情况及饮食习惯的调查报告
………………………………………………………………………（105）
大竹县四合镇医护人员职业幸福感调查报告…………………（110）
四川省凉山彝族自治州女子受教育现状调查报告……………（121）
老年人使用智能手机现状调查及对策探究
　　——以绵竹市齐天镇为例…………………………………（130）
眉山市东坡区市民抵制网络造谣的法律意识现状调查………（138）
当前教育环境下准高三学生心理压力现状调查
　　——以仁寿中学为例………………………………………（145）

第一篇
三下乡

童心向党，医梦启航

——川北医学院临床医学系赴射洪市党史教育理论宣讲队实践纪实

◎卷首语

2021年是中国共产党成立100周年。习近平总书记在庆祝中国共产党成立100周年大会上发出号召："新时代的中国青年要以实现中华民族伟大复兴为己任，增强做中国人的志气、骨气、底气，不负时代，不负韶华，不负党和人民的殷切期望！"

回望百年沧桑，一代代中国青年赤诚奉献，把青春奋进融入党和人民事业，为实现中华民族伟大复兴贡献先锋力量；历经百年辗转，一代代中国青年不懈奋斗，把青春朝气融入党和人民事业，为全面建成小康社会不断锐意进取；铭记百年奋斗，一代代中国青年开拓创新，把青春活力融入党和人民事业，为推动社会主义现代化建设提供强大动力。如今，我们接过时代的接力棒，饱含"提升自我，服务为民，报效祖国"的热情，组建本支社会实践团队，围绕"学史明理，以学促行"的党史学习教育目标，将先进文化、科技、卫生带进四川射洪，让青春之花绽放在"诗酒之乡"，将汗水播撒在祖国和人民最需要的地方。

这是一支以学生干部为核心的饱含服务热情、充满奉献精神的青春队伍——来自三个年级六大院系的二十六名有志青年组成了这支"有想法、有办法、有做法"的党史教育理论宣讲队。

我们以"学党史、感党恩、跟党走"为思想主线，围绕理论政策宣讲、红色文化寻访、基层医疗服务、"童伴计划"项目四大主题，开展为期一周的系列活动。我们走进了留守儿童基地，瞄准困境儿童需求，重点关注儿童健康问题，普及百年党史知识；我们走进了贺诚生平陈列馆和射洪市烈士陵园，在这里重温党史、缅怀先烈；我们走进了黄磉浩社区、佛南社区，深入贯彻落实《"健康中国2030"规划纲要》，引导当地群众增强健康保健意识，普及心肺复苏操作要点、海姆立克急救措施、慢性疾病预防指南等医学知识；我们走进了射洪市人民医院，跟随带教老师完成见习任务，将课堂所学的理论知识与临床实际结合起来，探索基层医疗卫生体系建设；我们走进了射洪市建设社区，向高三学生宣讲国家资助政策，为他们送去最美好的祝愿……

我们的足迹遍布射洪市36个乡镇村落，探望了逾600名留守儿童，走访了30余户居民。我们发放了近1100份调查问卷，根据调研数据完成了3篇社会实践报告。

志之所趋，无远弗届。鹰隼试翼，意气高昂。正是青春不渝的信仰让我们的精神天空更为辽阔，正是青春不息的追求让我们的时代画卷更为绚烂，正是青春不屈的志向让我们的奋斗坐标更为高远。

天地大矣，青春何谓？立大志、成大才、担大任。前途辽矣，少年何为？扬志气、强骨气、壮底气。

未来属于青年，希望寄予青年，不负党和人民的期待，我辈青年，初心不改，恒心常在！

一、实践宗旨、背景及目标

（一）实践宗旨

以深入学习贯彻习近平新时代中国特色社会主义思想以及习近平总书记关于青年工作的重要论述为指导，以"我为群众办实事"为行动指南，以"童心向党，医梦启航"为活动主线，扎根中国大地了解国情民情，通过社会实践坚定理想信念，弘扬医学生实学实干精神，以实际行动献礼中国共产党成立100周年以及川北医学院建校70周年，切实做到受教育、长才干、做贡献。

（二）实践背景

每一个孩子都渴望被关爱，每一个心灵都值得被呵护。随着我国城市化进程的加快，大批农村剩余劳动力涌向城市，外出务工人员逐年增多，农村留守儿童失去父母亲情的滋润、饮食起居的照料、学习教育的帮扶，迫切需要心理陪伴和疏导。因人口流动引发的农村留守儿童问题已成为当前基础教育领域一个亟待解决的重要问题。据民政部 2018 年 8 月 31 日发布的数据显示，经过精准摸排，截至 2018 年 8 月，全国农村留守儿童数量为 697 万余人。其中，由（外）祖父母监护的占 96%，由其他亲戚朋友监护的占 4%。

党的十九届三中全会指出，以强化社会治理方式为引领，以促进社会和谐为目标，按照"党政主导，部门联动，全民参与"的工作方针，从留守儿童、妇女、老人的迫切需要出发，从切合实际的社区志愿服务项目入手，以社区建设为载体，开展关爱留守儿童、妇女和老人志愿者活动，积极为留守儿童、妇女和老人打造和谐环境，建设幸福家庭。

自 2015 年中国扶贫基金会联合共青团四川省委、四川省民政厅、中国公益研究院发起"童伴计划"以来，团中央"童心港湾"项目通过"一个人，一个家，一套工作体系"，在射洪全市范围内扩面提质，搭建平台，整合资源，建立起留守儿童的监护网络，开辟了保障留守儿童权益、探索农村留守儿童福利保障机制的有效途径。目前，射洪市积极探索"政府＋社会＋个人"的定向关爱模式，不断完善"1＋N"（1 个童伴妈妈＋N 个关爱力量）的深度关爱体系，全市共建设项目点 40 个，覆盖留守儿童 1500 余人、孤儿 26 人、病残儿童 44 人。涓流共汇，足以涌成江河，绵力齐聚，共筑大爱无疆。

（三）实践目标

1. 瞄准困境儿童需求，奉献青春蓬勃力量

在中国共产党成立 100 周年之际，实践团队依托射洪市"童伴计划"特色项目，积极投身留守儿童"1＋N"深度关爱体系建设，重点关注儿童健康问题，弘扬医学青年实干精神，给困境儿童带去新知识、新思想、新理念，给他们送温暖、送爱心、送关怀，从而引导当地儿童树立良好的人生观、价值观。同时，通过经典红歌传唱、红色话剧表演、"红心颂党恩"党史知识竞赛等红色主题活动，扎实推进思政教育实践，赓续革命薪火，传承红色基因。

2. 志愿服务进社区，守护健康我先行

为积极响应"健康中国"战略号召，传承好当代大学生的"雷锋精神"，助力乡村医疗卫生事业发展，实践团队深入当地社区，为村民普及日常医学常识与急救知识，培养村民健康生活、舒适生活的理念。在此过程中，引导队员"学党史，悟思想，办实事，开新局"，在实践中感悟奉献精神，坚定理想信念，把握未来方向，将奉献精神内化为当代医学生的道德标准和行为准则。

3. 贯彻党的群众路线，勇担教育振兴使命

在全国脱贫攻坚取得伟大胜利的背景下，实践团队走进射洪市36个乡镇村落，深入乡村基层一线，结合当地实际情况，考察调研基层建设及乡村产业，在"知识改变命运"的生动案例中坚定理想信念，汲取青春奋进力量。

4. 风雨百年颂党情，共叙辉煌话初心

引导广大青年弘扬党的优良作风，践行党的初心使命，以实际行动献礼党的百年华诞：饮水思源，走进射洪市烈士陵园，缅怀革命先烈铮铮铁骨；砥砺初心，参观贺诚生平陈列馆，致敬祖国军队卫生事业奠基人；学史崇德，开展党史学习座谈会，拍摄"颂党恩·践初心"微视频。

5. 扬帆逐梦新征程，资助政策助飞翔

向高三学生宣讲国家资助政策，积极传播"不让一个学生因家庭经济困难而失学"的理念；深入毕业生群体，分析就业现状，提高学生职业发展规划意识与能力，激励同学们脚踏实地，坚强奋斗，用奋斗之美描绘最亮丽的青春底色，让青春在为祖国、为民族、为人民、为人类的不懈奋斗中绽放绚丽之花。

二、团队分工

（1）指导老师：李××，川北医学院临床医学系2018级团总支书记。
（2）各部门职责：见表1。

表1　各部门职责

部门	主要职责	负责人
队长团 (4人)	队长： (1) 负责整支队伍的管理及协调工作，保障整支队伍的高效运作。 (2) 与当地负责人对接，统筹安排外联工作，参与各项目的监督工作。 副队长： (1) 活动前期协助队长完成整体策划、踩点、队伍组建和评优工作。 (2) 活动期间分工协作，充当各部门之间的枢纽，监督和保障各项目的顺利开展。 (3) 活动后期组织编写实践成果报告。	邹×× 刘×× 韦×× 余××
科研组 (6人)	(1) 联系指导老师。 (2) 负责调查问卷设计、数据统计和分析。 (3) 汇总实践成果，完成实践报告的撰写。	丁××
新闻组 (5人)	(1) 负责新闻稿撰写、活动摄影及视频拍摄、剪辑。 (2) 记录活动流程，撰写工作总结。 (3) 制作队徽、海报、宣传资料、PPT等。 (4) 联系媒体，对实践活动进行宣传。 (5) 负责活动纪念册的制作。	张××
后勤组 (4人)	(1) 负责物资采购及管理。 (2) 负责安排餐饮、住宿等。 (3) 负责各类活动场地的申请、布置以及活动器材的租借。 (4) 负责相关经费报销。	周××
文娱组 (7人)	(1) 负责文艺会演节目策划和前期编排。 (2) 负责搜集资料，准备理论宣讲内容。 (3) 负责队歌的词曲创作和录制。	陶××

三、队徽、队旗及队歌

（一）队徽

该队徽由新闻组设计，正中间是代表医疗援助的十字标志，十字的正中央有川北医学院英文缩写"NSMC"。十字周围有4颗爱心，象征着本支队伍充满爱心，无私奉献。十字上方为党徽。最外面一圈是学校中文名"川北医学院"和本次实践活动主题"童心向党，医梦启航"。

队徽

(二) 队旗

该队旗由新闻组设计，正中央为队徽，队徽上方印有队伍所属院系——川北医学院临床医学系，队徽下方印有队伍名称——"童心向党·医梦启航"赴遂宁射洪市党史教育理论宣讲队。

队旗

(三) 队歌

医梦启航

(词/曲：张奕旸 高一尘)

挥别盛夏的校园

奔赴使命与考验

我们约定相伴，不论风与月，走在炎炎夏日里

红歌飘扬在山间

童伴之家里，是孩子的笑颜

仰望七月的星空，畅想未来与明天

传授医学知识，热爱与奉献，服务社区为人民

我们努力向前

感怀建党百年，我辈正当先

我会陪在你身边，解开你心结

同一屋檐下，分享滴滴点点，我会守候你身边

为你驱散孤单

盼你茁壮成长，再见是少年

我会陪在你身边，走过征途一百年

烈士陵园中，感怀生活的甜，我会守候你身边

医学道路漫漫

同你一起强大，初心永不变

四、策划准备

（一）时间

2021年7月15日—2021年7月21日。

（二）地点

射洪市，四川省辖县级市，由遂宁市代管。地处四川盆地中部，涪江中游，遂宁以北，位于成渝经济圈北弧中心。射洪市辖区面积1496平方千米，气候属亚热带季风性湿润气候，气候温和、四季分明。截至2021年，射洪市辖21个镇，2个街道、228个行政村、68个社区，户籍人口92.4万。

西魏时期（555年），始置射江县，得名源于其境内有射江。北周时期（557年）改名射洪县，故称"西魏置县，北周正名"。射洪建立县级政权已有1500多年历史。2019年11月18日，射洪正式撤县建市。

射洪市是陈子昂故里、"中国民间诗画艺术之乡"，是"全国科技进步示范县""全国科普示范县"，素有"子昂故里，诗酒之乡"美誉。2019年，

射洪进入中国西部百强县市名单。射洪市辖区内有陈子昂读书台、楞严阁等古迹，有硅化木化石群地质遗迹，有子昂故里文化旅游区、金华山、太和镇磨嘴村乡村旅游示范带、桃花山风景区、螺湖等景点。

（三）活动日程

本次社会实践的活动日程见表2。

表2 活动日程

日期	时间段	活动	地点
7月15日	上午	"请党放心，强国有我"——出征仪式	川北医学院风雨操场
	下午	"童心向党，医梦启航"——启动仪式	共青团射洪市委员会办公地点
7月16日	上午	"童伴计划"系列活动	射洪市"童伴之家"
	下午	"红色足迹照丹心，革命精神永赓续"——参观贺诚生平陈列馆	贺诚生平陈列馆
7月17日	上午	"童伴计划"系列活动	射洪市"童伴之家"
	下午	"志愿服务进社区，守护健康我先行"——社区服务及健康知识普及活动	黄磉浩社区、佛南社区
7月18日	上午	"童伴计划"系列活动	射洪市"童伴之家"
	下午	"翠柏苍松祭英烈，红色基因薪火传"——祭扫射洪市烈士陵园	射洪市烈士陵园
7月19日	上午	"童伴计划"系列活动	射洪市"童伴之家"
	下午	"风雨百年颂党情，共叙辉煌话初心"——赴中共射洪市委党校学习交流	中共射洪市委党校
7月20日	上午	"童伴计划"系列活动	射洪市"童伴之家"
	下午	"夯实基础，笃志躬行"——射洪市人民医院临床见习活动	射洪市人民医院
7月21日	上午	"爱心义诊送健康，彰显杏林新风尚"——射洪市社区居民义诊活动	射洪市居民广场
	下午	"青春奋进正当时，扬帆筑梦新征程"——与高三学子交流	射洪市建设社区

（四）准备工作

1. 队长团准备工作

（1）联系指导老师，组建实践队伍。

（2）团队建设，如召开集体会议、组织集体培训等。

（3）紧密结合队员专业特长和当地需求，设计活动方案（包括服务项目、预期效果等）。

（4）填写各类申报材料，咨询院系、校团委意见并获得必要支持。

（5）联系射洪市青年志愿者协会及相关组织，说明此次实践活动的主题和目的，了解对方的初步意向，以获得对方对此次活动的支持，并进一步完善活动方案，提高可行性和可操作性。

（6）对各个活动项目的实施地点进行实地考察，确保活动具有可实施性。

（7）收集整理活动过程中需要的资料（如服务对象情况、采访对象资料等），完成活动策划书的撰写。

（8）根据各个活动项目的安排，筹备、落实相关工作。

2. 新闻组准备工作

（1）器材准备：相机 5 台，含至少 5 张内存卡；笔记本电脑，至少 2 台；U 盘、笔、本子若干；三脚架 5 副。

（2）图文资料准备：设计队徽、队旗，制作 PPT、宣传手册（内容包括疾病防治、急救知识等）、横幅，准备采访提纲、新闻稿，打印调查问卷。

（3）活动分工：摄影、摄像及后期处理，每日活动照片归类，撰写新闻稿并投稿。

（4）后期工作梳理：

①整理各项活动记录，撰写实践活动总记录。

②汇总校内外宣传报道。

③制作"青春为母校歌唱——祝福川北医学院建校 70 周年"视频以及相关视频资料。

④打印实践活动照片并制作纪念册。

⑤整理材料，参加评优评奖。

3. 科研组准备工作

（1）拟定研究课题。先后讨论出八个课题方向，涵盖医学（如当地居民健康状况及医疗支出占比）、时政（乡村振兴、红色文化）、当地经营模式（文旅经济）等多个方向，最后综合考虑问卷发放对象及方式、课题新颖度及与当地契合度、时政热点等各方面因素，选定"新时代红色文化的传承及发展路径——以四川射洪为例""就业扶贫政策下居民生活水平及薪资待遇现状分析——以四川省射洪市大榆镇新井村为例""互联网背景下射洪市民对家乡历史文化的了解和重视程度——以陈子昂故居为例"三个课题。

（2）制作问卷。在双创学院李××副教授的指导下制作问卷，并反复修改完善。在出发前制作好电子问卷及纸质问卷，并在问卷试发放过程中根据遇到的问题及时修改问卷，力求取得最佳调研效果。

4. 后勤组准备工作

（1）前期踩点。2021年6月5日，后勤组三名成员前往射洪市踩点，主要工作包括：选择住宿地点，熟悉路线，再次与射洪市相关组织机构确定活动事宜。2021年7月15日，安排好活动期间的餐饮事宜。

（2）活动策划。参与部分活动的策划，并负责准备在"童伴之家"举办活动所需的资料以及对射洪市烈士陵园的守陵人杨行书的采访提纲等。

（3）物资准备。负责采购活动所需物资，如义诊活动所需的纱布、绷带、胶带，祭扫烈士陵园所需的鲜花等。

（4）资金管理。负责管理活动期间的各项开支。

5. 文娱组准备工作

（1）文娱表演准备。结合本次活动目标及团队特色，准备歌唱、乐器演奏、相声、小品、话剧等多种文娱表演，向留守儿童及当地居民传播优良的党史学习风气和医学知识。此外，为增强队内凝聚力，促进队员之间的交流，文娱组还准备了适合在队内开展的文娱活动。

（2）"童伴计划"活动准备。为保证活动的有序开展，文娱组结合各乡各村儿童年龄段及受教育程度，设计了多种传播医学知识的方法和活跃气氛的小游戏，以提高活动实效，同时也最大限度地调动留守儿童参与活动的积极性，使他们感受到来自祖国及社会各界的关爱。

6. 安保准备工作

(1) 登记队员本人联系方式及家人联系方式。

(2) 开展安全教育和急救培训。

(3) 学习突发事件应急处理预案。

(4) 做好食品安全工作，预防肠胃疾病。

(5) 做好住宿安全工作，如熟悉安全通道的位置，注意用电安全。

(6) 要求队员自觉遵守纪律，不得擅自离队。每次活动结束后清点人数，保证队员全部安全归队。

(7) 每名队员均须签署安全承诺书。

五、活动风采

(一) 学党史·暖童心·续辉煌

1. "请党放心，强国有我"——出征仪式

为切实践行党"全心全意为人民服务"的宗旨，深入学习贯彻习近平新时代中国特色社会主义思想，川北医学院临床医学系赴射洪市党史教育理论宣讲队的队员们整装待发。全体队员高呼"请党放心，强国有我"口号，表达出征的喜悦和对圆满完成任务的美好憧憬。宣讲队将围绕"党群连心，城乡携手"这一重要议题，把对党和人民的忠诚和热爱落实到行动上，充分展现当代医学生"心系民众，爱国力行"的风采，传承实干精神，积极助力乡村振兴事业的发展。

出征仪式

"肩负责任使命，不负伟大时代，青春献给祖国。"出征仪式上的高声呐喊坚定了队员们"生逢其时，吾辈自强"的信心，大家备受鼓舞和鞭策，深切感受到百年征程波澜壮阔、伟大复兴前景可期、使命光荣责任在肩。我们坚信，党旗所指方向就是我们前进的方向，人民的期望就是我们矢志不渝的奋斗目标！

2."党史启心扉，相伴共成长"——"童伴计划"之红色文化小讲堂

为隆重庆祝党的百年华诞，川北医学院临床医学系赴射洪市党史教育理论宣讲队的队员们走进射洪市区及周边多个留守儿童基地，开展"学党史、强信念、跟党走"红色主题教育。大家共同回顾中国共产党百年伟大历程、辉煌成就，引导当地留守儿童深入学习党史知识，传承革命先辈的伟大精神，激发爱党爱国热情。该活动同时结合了当地红色文化，充分展现了川北医学院思想政治教育硕果，提升了我校学生的党性修养和思想觉悟。

"童伴计划"之红色文化小讲堂

百年党史，波澜壮阔；百年辉煌，初心不忘。作为新时代青年，我们应牢记党的宗旨，学史明理，学史增信，学史崇德，学史力行，唱响共产党好、社会主义好、改革开放好、伟大祖国好、各族人民好的时代主旋律，坚定永远跟党走的思想自觉与行动自觉，练就过硬本领，投身强国伟业，争做德才兼备的新时代中国特色社会主义事业的建设者。

3."风雨百年颂党情，共叙辉煌话初心"——赴中共射洪市委党校学习交流

为隆重庆祝党的百年华诞，回顾党成立一百年来的光辉历程和宝贵经

验，同时弘扬我校"敬业、博爱、求是、创新"的精神风貌，川北医学院临床医学系赴射洪市党史教育理论宣讲队的队员们走进中共射洪市委党校，参加"风雨百年颂党情，共叙辉煌话初心"主题座谈会，聆听党员干部讲述恢宏党史，学习红色文化，传承革命精神。

赴中共射洪市委党校学习交流

党史是最好的教科书，也是最好的营养剂。中共射洪市委党校的交流学习已然在我们心中播下了红色种子，加深了我们对党及党员的认识，让我辈青年更加积极主动地向党组织靠拢，为今后投身社会主义建设事业打下坚实基础。

4."青春奋进正当时，扬帆筑梦新征程"——面向高三学生开展宣讲活动

为积极响应在全党开展党史学习教育的号召，以实际行动"学党史，悟思想，办实事，开新局"，川北医学院临床医学系赴射洪市党史教育理论宣讲队的队员们走进当地高中，面向高三学生开展党史学习交流、国家政策普及宣讲活动，引导当地高三学子回顾我们党团结带领中国人民坚强奋斗的光辉历程，深刻阐明我们党为解决大学生入学和就业等问题所做的不懈努力，同时展望党和人民事业发展的光明前景。

党和政府庄严承诺：漫漫求学路上，不让一个学生因家庭经济困难而掉队。国家助学政策的实施实现了家庭经济困难学生"应助尽助"，减轻了家庭经济负担，点亮了无数贫困学子的人生梦想，一定程度上斩断了我国贫困代际传递。看着射洪市高三学生的一张张笑颜，我们不仅感慨国之富强、党

之伟大、人民之幸福！

（二）祭英烈·传精神·守初心

1. "红色足迹照丹心，革命精神永赓续"——参观贺诚生平陈列馆

为深切缅怀战争年代为国捐躯的革命志士，回顾我国人民军医的辉煌成就，川北医学院临床医学系赴射洪市党史教育理论宣讲队的队员们走进贺诚生平陈列馆，聆听贺诚将军毕生奋斗的故事，回顾其坎坷的医学生涯。在这里，队员们更深入地了解到中国共产党伟大的革命事业，增强了爱国意识及对党和国家的归属感。

参观贺诚生平陈列馆

2. "翠柏苍松祭英烈，红色基因薪火传"——祭扫射洪市烈士陵园

为学习革命英雄前仆后继、英勇献身的斗争精神，激发对革命先烈的崇敬之情和爱国主义精神，川北医学院临床医学系赴射洪市党史教育理论宣讲队的队员们走进射洪市烈士陵园，接受了深刻的爱国主义教育和革命传统教育。

饮水思源，作为祖国医学事业的接班人和社会主义事业的建设者，我们一定以史为鉴，继往开来，践行党的宗旨，让青春闪耀在祖国和人民最需要的地方！

祭扫射洪市烈士陵园

（三）普新知·讲预防·护民康

1. "志愿服务进社区，守护健康我先行"——社区服务及健康知识普及

为积极落实《"健康中国2030"规划纲要》，深入开展"我为群众办实事"实践活动，增强群众健康保健意识，川北医学院临床医学系赴射洪市党史教育理论宣讲队的队员们分组前往黄磉浩社区、佛南社区，向居民们普及心肺复苏操作要点、海姆立克急救措施、慢性疾病预防指南等医学知识。

社区服务及健康知识普及活动

2. "关爱儿童健康，助力医梦启航"——"童伴计划"之医学常识小课堂

厚植杏林人才沃土，彰显医坛崭新风尚。在川北医学院建校70周年背

景下，川北医学院临床医学系赴射洪市党史教育理论宣讲队以"扎根基层一线，志愿传递温暖"为宗旨，走进"童伴之家"，为当地留守儿童生动讲解七步洗手法、圆弧刷牙法等卫生知识，普及传统中医文化、人体器官构造、常见疾病预防等医学知识，增强儿童健康保健意识，给困境儿童带去新知识、新思想、新理念，为留守儿童的茁壮成长创造有利条件，让祖国的花朵在健康的沃土之上绚丽绽放。

"童伴计划"之医学常识小课堂

3."夯实基础，笃志躬行"——射洪市人民医院临床见习活动

为提高理论联系实际的能力，整合所学专业知识与技能，川北医学院临床医学系赴射洪市党史教育理论宣讲队分三组前往射洪市人民医院脊柱神经外科、泌尿外科、消化内科三个科室进行临床见习。脊柱神经外科汪主任以一位 75 岁的老年患者为例，通过病理病因结合影像 CT 分析，讲解了老年骨质疏松发生发展、鉴别诊断、预防措施等。泌尿外科赵医生带领见习学生查房，详细讲解了查房的步骤及要求。消化内科杨主任结合患者症状，向见习学生讲解了急性胰腺炎的病因、鉴别诊断、治疗措施等。

"非学无以广才，非志无以成学。"在此次医院见习中，队员们提前感受了一线临床工作环境，坚定了"除人类之病痛，助健康之完美"的理想信念，坚定了为医学事业奋斗的决心。

六、活动影响

本次社会实践活动引发热烈反响，校内外多家媒体对活动情况做了报道，见表 3。

表3　校内外媒体相关报道

序号	媒体名称	新闻标题	网址链接
校内宣传			
1	川北医学院临床医学系官网	【三下乡·2021】"童心向党，医梦启航"党史教育理论宣讲队参观红医将领——贺诚将军生平陈列馆	https://www.nsmc.edu.cn/clinical/48097.html
2	"川北医学院"微信公众号	三下乡｜川北医新征程（六）	https://mp.weixin.qq.com/s/ba3H2IytV0AsHfU_I_vQ7Q
3	"川北医学院团委"微博	川北医学院"童心向党，医梦启航"实践队：跋山涉水不畏路远，童伴计划扎根心灵	https://m.weibo.cn/detail/4661112135747585
4	"川北医青年"微信公众号	19支队伍570名队员开展习近平总书记在庆祝中国共产党成立100周年大会上的重要讲话精神宣讲活动	https://mp.weixin.qq.com/s/KNoju_Si297OeU6-rX9Zvg
5	校易班	【易川北·资讯】"学党史践初心，做志愿我先行"社区服务	http://s.yiban.cn/app/2004878/post-detail/AXKcK9pZRNGarnB
6	校易班	【易川北·资讯】参观红医将领——贺诚将军生平陈列馆总结	http://s.yiban.cn/app/2004878/post-detail/QDVFaBdq6ZwBxak
校外宣传			
7	射洪市政府官网	天仙镇：开展"童心向党，医梦启航"宣讲活动	http://www.shehong.gov.cn/xzdt/-/articles/24241857.shtml
8	中国大学生网	川北医学院临床医学系"童心向党，医梦启航"实践队赴遂宁射洪市人民医院见习	https://www.universitychina.net/shijian/canguan/20210723/96349.html
9	中国大学生网	青春奋进，扬帆筑梦：川北医学院"童心向党，医梦启航"实践队准高三学子交流会	https://www.universitychina.net/shijian/xuanchuan/20210725/97177.html

续表

序号	媒体名称	新闻标题	网址链接
10	中国大学生网	川北医学院"童心向党，医梦启航"实践队：跋山涉水不畏路远，童伴计划扎根心灵	https://www.universitychina.net/shijian/fuwu/20210723/96 347.html
11	中青校园	川北医学院临床医学系"童心向党，医梦启航"实践队赴遂宁射洪市人民医院见习	https://xiaoyuan.cycnet.com.cn/s?uid=2652620&app_version=1.3.0&sid=911228&time=1629376717&signature=kgbJynLeRd3VA29KYqE4gqYl2iNnnjaDNrGQloPXZzxvOB6jWM&sign=dcc9866b6d2f5956c5674020641abc73
12	四川三农网	射洪天仙镇开展"童心向党，医梦启航"宣讲活动	http://sc3n.cn/html/xwpd/jykj/40602.html
13	"青春射洪"射洪市团委微信公众号	三下乡特辑｜逐梦青春献给党，医学青年勇担当	https://mp.weixin.qq.com/s?__biz=MzA5ODA0MzgwMg==&mid=26 49520033&idx=1&sn=c87179fe40 23da709acba9cc77a18351&chksm=888f4554bff8cc42f23a6b56d71b59cf61d1f3cc7a68122879a1bfdfd45e7a020251f2efb635&mpshare=1&scene=23&srcid=0726lQZPItDCNVRlVdfO7Vx4&sharer_sharetime=1629039294753&sharer_shareid=68683b3f44d4cd5d9c5e9dbd87570fd4#rd
14	遂宁共青团官网	大学生志愿者团队，点亮遂宁留守儿童的"七彩假期"	http://www.sngqt.gov.cn/tqkx/bmgzdt/2021081094991.html
15	新浪网——新浪四川（遂宁）网	射洪市天仙镇开展"童心向党，医梦启航"宣讲活动	http://sc.sina.com.cn/suining/town/2021-07-22/detail-ikqciyzk6778996.shtml

七、活动感悟

若我以后再度回忆起这次"三下乡"，大概会将其总结成这样一句话：一群年轻人，团结起来做了一件对自己和他人的人生都有意义的"大事"。希望作为医学生的我们，学成之后走出校园，也能和这些"童伴妈妈"一样，到社会需要我们的地方去，尽全力发光发热，传递自己心中的这份爱。

——张仔沂（新闻组）

服务留守儿童，奉献青春力量。在本次"三下乡"实践活动中，我们为留守儿童带去了关爱与欢乐，尽自己的一份绵薄之力助孩子们健康成长，用实际行动践行了"请党放心，强国有我"的铮铮誓言。在活动期间，26名队员互相帮助、互相扶持，共同体验着奉献自身价值的快乐和服务社会的自豪。路途中，我们也遭遇过种种困难：迷路、大雨、错过班车、缺少物资……但这些困难都不能阻挡我们前进的脚步，每个人的努力和付出共同造就了这段难得的经历。

——李昕洁（新闻组）

能够在这里和孩子们度过一段快乐的时光，本身就是很美好的事情。我们或许不能带给他们很多物质上的援助，但我想我们能给他们一些精神上的支持。受到帮助时，他们是快乐的。帮助他人时，我们自己也是快乐的。

在社区与老人们的相处中，我学会了要更多地站在他人的角度看待问题，有时候需要透过问题的表象，去关注问题背后真正需要关注的人。我们可能会对一些事情有疑惑，这是因为我们只是作为旁观者在研究这些情况，而他们却身处其中。有时不幸会让人只顾当下，所以这时候我们更应设身处地，试着去理解，然后对他们报以温柔。

——车典谕（科研组）

通过这次社会实践，我更加坚信："象牙塔"里的我们并非"两耳不闻窗外事，一心只读圣贤书"，年轻的我们拥有绚丽的青春年华，走出校园，踏上社会，我们仍会交上一份令人满意的答卷。

——谭竣月（后勤组）

在贺诚生平陈列馆，我了解到贺诚将军波澜壮阔的一生。他是忠诚的共产主义战士，是我军卫生工作的创始人和国家、军队卫生工作功高德昭的卓越领导人。他以毕生精力为军队和国家医疗卫生事业做出的贡献，为全党、全军、全国人民所公认。在烈士陵园，我了解到更多为革命事业前仆后继、英勇献身的英雄。面对着半个山坡的墓碑，我不禁想起这么一句话：哪有什么岁月静好，不过是有人替我们负重前行。这是我对党的百年历史最真切的感受，也是对党的初心和使命最直观的感受！

纵观整个"三下乡"过程，我想，作为新时代大学生，我们不仅要好好学习，掌握现代化的知识，更要多参加社会实践，在实践中运用知识、掌握知识，在实践中了解社会发展、锻炼自己、发展自己，使自己将来能更好地投身于社会，服务于社会。只有到实践中去、到基层中去，把个人的命运同社会、同国家的命运联系起来，才是大学生成长成才的正确之路。

——方良富（后勤组）

在这七天里，有辛酸，也有欢笑。早上天蒙蒙亮时，我们便整装出发。不管是顶着烈日还是冒着暴雨，我们都不会退缩。晚上，大家拖着疲惫的身躯回到酒店后，仍会坐在一起分享当天趣事，规划明日的活动。

我印象最深刻的是每个"童伴妈妈"和村民的热情，以及小朋友们的天真可爱。我们也带给小朋友们不少欢乐，给当地村民留下了当代大学生良好的形象。

实践出真知，只有亲身参与实践，才能获得更多真正的知识，才能不断地完善自我。这许许多多的体会为我们的人生履历添上了精彩的一笔，并在我们心中埋下了理想的种子。这种子已默默地扎根，未来的经历也会为这种子输送营养，望未来开出理想之花，结出丰硕果实！

——陶维　丹妮　唐思霏　王诗霈　周禹良（文娱组）

八、实践总结

2021年7月，一支由川北医学院临床医学系团总支牵头的朝气蓬勃、活力四射的队伍来到射洪市，开展为期7天的暑期"三下乡"社会实践活动。这支队伍是川北医学院2021年"三下乡"社会实践活动校级重点队伍，并成功入选2021年"圆梦工程"助力乡村学校少年宫"七彩假期"志愿服务队。

团队以"童伴计划"留守儿童关爱项目为基点，聚焦当地困境儿童，通过"1+N"深度关爱体系（1个"童伴妈妈"＋N个关爱力量），积极配合"童伴妈妈"的相关工作，从医学生视角出发，为"童伴计划"的蓬勃发展贡献新时代青春力量。2021年7月16日至7月20日，26名队员的足迹遍布射洪市36个村落，总行程超过1000千米，为"童伴之家"600余名留守儿童带去了医学知识和红色文化。

为积极响应国家"健康中国"战略号召，助力乡村医疗事业发展，传承好当代大学生的"雷锋精神"，团队在黄磉浩社区及佛南社区开展了医学与急救知识普及活动，帮助乡村居民将急救知识变为救命常识。

为庆祝中国共产党成立 100 周年，团队开展了"传承红色基因"系列活动：祭扫射洪市烈士陵园，缅怀革命先烈铮铮铁骨；参观贺诚生平陈列馆，致敬祖国军队卫生事业奠基人；走进中共射洪市委党校，共叙辉煌话初心。

为落实教育部奖贷助补减相关要求，团队来到射洪市建设社区，向高三学生宣讲国家助学政策，宣扬国家"不让一个学生因家庭经济困难而失学"的理念。同时，带领高三学子进一步学习习近平总书记在庆祝中国共产党成立 100 周年大会上的讲话精神，鼓励同学们紧紧跟随党的脚步，把握青春，逐梦芳华。

为期 7 天的暑期"三下乡"社会实践活动充实而有意义，前期准备工作充分，各项活动开展得井然有序。团队成员通过社会实践坚定了理想信念，切实做到受教育、长才干、做贡献，弘扬医学生实学实干精神，以实际行动献礼中国共产党成立 100 周年。

【教师点评】

本实践纪实报告主题鲜明，立意高远，内容丰富，客观地反映了川北医学院临床医学系赴射洪市党史教育理论宣讲队的社会实践全貌。报告以"学党史、感党恩、跟党走"为思想主线，翔实展示了理论政策宣讲、红色文化寻访、基层医疗服务、医院见习、"童伴计划"等主题活动。尤其值得一提的是，这篇报告有两大亮点：一是在报告开篇就以"卷首语"的形式对实践活动的大致情况做了一个整体上的凝练，使读者能够迅速了解报告全局；二是报告以表格形式列出了校内外媒体对此次实践活动的报道，有力地论证了活动的影响力。但是，实践者未能把科研与实践有机结合，活动的深度稍嫌不足。

（龚晓琴）

惟心向党，医路长征

——川北医学院《惟医》通讯社赴遵义市理论普及宣讲队实践纪实

一、我们为什么出发

（一）活动背景

2021年是中国共产党成立100周年。中国共产党的成立是中华民族历史上开天辟地的大事，使中国的历史翻开了全新的一页。长征是人类历史上的伟大壮举，也是中国革命史上的不朽丰碑。遵义会议是长征中对中国革命最具转折性影响的重大事件。遵义会议结束了"左"倾教条主义错误在中央的统治，确立了毛泽东在党中央和红军的领导地位，开始形成以毛泽东为核心的党的第一代中央领导集体，挽救了党，挽救了中国革命，成为中国革命生死攸关的转折点。

在中国共产党成立100周年之际，为响应中宣部、中央文明办、教育部、团中央和全国学联关于全国大中专学生志愿者暑期文化、科技、卫生"三下乡"社会实践活动的安排，鼓励大学生以自身行动回报社会，在社会实践中经风雨、受教育、长才干，树立正确的世界观、人生观和价值观，全面提高大学生的综合素质，同时结合"中国共产党成立100周年"的历史主题，以重走长征路为实践线索，川北医学院临床医学系《惟医》通讯社赴遵义"惟心向党，医路长征"理论普及宣讲队向着遵义出发了。

（二）活动意义

1. 服务基层，传播先进的科学技术和文化知识

当代大学生是我国科学技术发展的后备军，大学生志愿者"三下乡"活

动的主要任务之一就是发挥大学生的知识技能优势，把文明新风和民主法制带到基层，同时也将先进的科技、卫生知识传播到基层，协助提高我国人口素质，为基层建设服务。

2. 加强沟通，将党的政策和党的温暖带到基层

大学生志愿者"三下乡"活动，使基层建设的需要与青年学生的成长有机结合、互相补充，同时也架起了一座党和政府与基层群众沟通、交流的桥梁。通过青年学生的社会实践活动，党和政府的惠民政策能得到更好地宣传，基层群众的实际生活状况能被更充分地了解。

3. 了解国情民情，增强大学生社会责任感和历史使命感

"三下乡"活动使长期生活在"象牙塔"内的大学生有机会深入了解国情、民情，促进大学生社会责任感、历史使命感的形成，这对于引导大学生走正确的成长成才道路、培养堪当民族复兴大任的时代新人有着重要意义。

4. 磨炼意志，全面提高大学生综合素质

对于当代大学生来说，"三下乡"活动既可磨炼意志、培养爱心，又可提高其组织协调能力、独立思考能力和分析解决问题的能力，有助于大学生理论联系实际，将课内课外有机结合，掌握社会调查和科学研究的方法，在实践中受教育、长才干、做贡献，树立起正确的世界观、人生观和价值观，努力成长为中国特色社会主义事业的合格建设者和可靠接班人。

二、我们时刻准备着

（一）队伍简介

本支社会实践队伍由川北医学院临床医学系《惟医》通讯社发起成立，从各院系招募了20余名具有领导才干、科研能力、艺术才华、社交才能以及新闻撰稿、视频制作等能力的学生。团队指导老师为川北医学院临床医学系党总支书记，带队老师为川北医学院临床医学系《惟医》通讯社指导老师周老师。两位老师经验丰富、严谨负责，为此次"三下乡"活动的顺利开展提供了有力支持。

本支队伍共分为五个小组（团），每个小组的职能如下。

1. 队长团

队长团由队长、副队长组成，负责统筹、协调活动中的各项工作。例如，负责联系实践地相关部门负责人，沟通协调活动安排，取得当地政府部门支持；与有关企业、商家联系，为活动争取物力和财力支持。

2. 后勤宣讲组

后勤工作：做好经费预算；负责活动期间的所有资金支出，做好详细记录，并妥善保管资金和发票；以节俭为原则，采购活动所需物资。

宣讲工作：熟悉队内成员的文艺特长，组织队员完成文艺会演。本组成员要起到模范带头作用，组织队员全员参与。文艺节目要贴合"追寻红军足迹，医卫服务基层"这一主题，呈现尽可能多的表演形式。此外，还要协助做好其他活动的准备工作。

3. 科研组

课题调研是"三下乡"活动的重要内容之一。科研组须在前期投入大量时间和精力对课题进行反复思考和讨论，并在指导老师的指导下完成调查问卷的制作。调研结束后，要利用暑假认真做好调查结果的分析统计工作，完成课题论文的初步撰写。

4. 新闻摄影组

摄影工作：照片、视频的拍摄及后期处理，为新闻稿的撰写提供材料支撑。

新闻工作：撰写每日活动新闻稿，通过微博、微信、QQ、新闻网站等平台进行宣传。此外，还要留意其他媒体对本活动的报道。

5. 新媒体组

灵活运用现有的新媒体平台，积极寻找校内外宣传途径，宣传此次"三下乡"活动。

（二）实践地简介

1. 遵义市红花岗区

遵义，简称"遵"，古称播州，是贵州省地级市，地处中国西南、贵州北部，南临贵阳、北倚重庆、西接四川，处于成渝—黔中经济区走廊的核心区和主廊道，是黔渝合作的桥头堡、主阵地和先行区。1935年，中国共产党在遵义召开了著名的"遵义会议"，这是党的历史上生死攸关的转折点，因此遵义又被称为"转折之城，会议之都"。

红花岗区为遵义市的中心城区之一，历来是遵义市的政治、经济、文化中心和交通枢纽，原为县级遵义市。红花岗区位于贵州省北部，北倚娄山，南临乌江，处于重庆和贵阳之间，在西南出海通道重庆至贵阳的黄金分割点上，是连接"黔中经济圈""黔北经济带"和"成渝经济圈"的重要节点。该地区有独特的历史文化，如海龙薅秧歌、踩山节、花灯戏、文琴戏等，还有著名的旅游景点，如遵义会议纪念馆、桃溪寺、大板水国家森林公园、金鼎山等。

（1）遵义会议纪念馆。遵义会议纪念馆位于遵义市红花岗区子尹路96号，总占地面积为4万多平方米，总建筑面积为18457平方米，展室面积为6083平方米。遵义会议纪念馆是为纪念遵义会议而建立的，是中华人民共和国成立后最早建立的21个革命纪念馆之一，于1955年10月开放。遵义会议纪念馆由遵义会议会址、遵义会议陈列馆等11个纪念场馆组成。1964年11月，毛泽东主席为纪念馆题写了"遵义会议会址"六个大字。遵义会议陈列馆为吸收遵义民居特色的两层建筑，总建筑面积为19054平方米，其中地上15198平方米，地下3856平方米，建有步行道1200米，采用室内空间布局、平面展示、模型展示、实物展示、多媒体展示、灯光辅助等手段，展示文物、资料1551件，其中原物726件、复制品667件、仿制品158件，展线总长1200多米。展陈内容以长征为主线，以编年带专题，用"战略转移，开始长征""遵义会议，伟大转折""转战贵州，出奇制胜""勇往直前，走向胜利""遵义会议，光辉永存"五个部分突出遵义会议的主题及红军长征转战贵州的史迹。同时，利用现有资料和技术，采用油画、雕塑、展板、影像等多种形式，以及三维等身成像、多媒体半景画、电子触摸书籍等先进展陈技术手段进行展示展览。

（2）遵义会议期间毛泽东、张闻天、王稼祥住址（简称"毛主席住居陈列馆"）。1935年1月，中央红军长征到达遵义后，毛泽东、张闻天、王稼祥住在古寺巷（又名穆家庙，中华人民共和国成立后更名为中山北路一巷，1966年改名为幸福巷）一幢二层小楼里。此楼原为国民党黔军旅长易少荃的私宅，坐北朝南，背靠桃源山东麓，为一楼一底的砖木结构，外表呈青灰色。其格局与遵义会议会址大体相仿，通面阔15米，通进深9米，建筑面积约665平方米，始建于1933年，占地面积约为2500平方米。楼房基础高出地面约1米，大门正前方是五级半圆形踏梯。歇山式屋顶，青瓦覆盖，前坡面开一"老虎窗"。楼上楼下都有回廊环绕。廊顶塑有花卉、鸟兽形象。整幢楼房均采用拱形鸳鸯窗，彩色玻璃。毛泽东住在楼上左前间，室内陈设有钢床、圆形靠背椅、茶几、军用电话机、红漆九抽桌，桌上置马灯、军用地图、方形铜墨盒、楠竹笔筒、毛笔、红蓝铅笔、信笺及三磅热水瓶、白色搪瓷茶缸等物，桌下有木架火盆，桌旁放着一对铁皮公文箱以及其他生活用具等。张闻天住楼下左前室。王稼祥住楼上右前室。各展室均作原状陈列。

（3）遵义红军烈士陵园。遵义红军烈士陵园坐落在遵义市城区湘江河畔风景秀丽的凤凰山南麓小龙山上，距遵义会议会址约1千米，因建有红三军团参谋长邓萍墓、红军坟、钟伟剑烈士雕塑、邓萍牺牲时的雕塑、红军卫生员铜像以及纪念红军长征在遵义牺牲的烈士纪念碑而著名。红军烈士纪念碑高30米，下部6米见方，顶部2米见方。碑的顶端是5米高的镰刀锤头标志，碑的外围是一个直径20米，高2.7米，离地面2米的大圆环。圆环外壁镶着28颗闪光的星，象征着遵义会议精神永放光芒；圆环内壁是4组汉白玉浮雕，内容是"突破乌江""遵义人民迎红军""娄山关大捷""四渡赤水"。大圆环由4个5米高的红军头像托着，头像用紫地满天星大理石雕刻而成，东南侧是老红军形象，西南侧是青年红军形象，东北侧是赤卫队员形象，西北侧是女红军形象，寓意红军威震四方。纪念碑的北面小山坡上，是邓萍烈士墓。邓萍烈士的遗骸，是1957年夏在中央军委和彭德怀同志的关怀下，经党政军和各界人士的努力才找到的。墓地在陵园平台正中位置，由正墓室、左右侧室及其延伸段和花圈组成。墓身均用红砂石料扣砌，通宽32.55米，正墓室高于侧室，呈"凸"字形，墓顶正中竖一红色五角星。在邓萍墓西面，有一座红军卫生员墓，称为"红军坟"。坟四周以青砂石砌成墓裙，坟前竖立一块青石墓碑，碑座上的石碑高2.03米，宽0.83米，厚0.19米，正面阴刻"红军坟"三个红色大字，背面阴刻楷书《红军坟简介》。红军坟下边，塑立着一座红军女卫生员正在给工人儿子喂药的铜像，高4.5米，于1990年7月建成。邓萍墓东边，是一座表现邓萍中弹后倒在张爱萍身上的半身塑像，塑像墓座上刻有简单的文字说明。陵园西边的"青松堂"里，安放着几十位无名红军烈士的骨灰盒。陵园内的"翠柏园"里陈列着邓萍、钟伟剑两位烈士的生平事迹。

2. 深溪镇清江村

清江村位于红花岗区深溪镇东北部，距遵义市区 16 千米，面积约 14.5 平方千米，东抵大窝村，西抵龙江村，南抵龙坪镇，北抵湘江河边。全村有耕地 3440 亩，其中田 2116 亩，地 1324 亩，辖 12 个村民组，976 户，4030 人。村设 1 个党总支，下设 3 个党支部，11 个党小组，有党员 94 名。全村以种植、养殖业为主。全村从 2005 年开始"四在农家"创建，共创建井坎、民丰、桥上、古坟、香坪、大坝、汪寨、竹元等 8 个村民组，共改厕 570 间，建沼气池 850 口，改造村组公路 22.4 千米（其中硬化村级公路 6.3 千米），硬化联户路 38.5 千米，硬化农户院坝 2.9 万平方米，建群众文体活动场所 7 个（共 4790 平方米），改电通水率达 100%。该村先后被授予"小康村""模范村""先进村""五好村""科技示范基地"等荣誉称号。

（三）实践行程

本次社会实践活动的行程见表 1。

表 1　实践活动行程

地点	时间	活动内容	备选方案
南充市	7月15日（星期四）	1. 上午 8：00—9：00，出征仪式。 2. 召开出发前动员会（地点：临床医学系会议室）	
遵义市红花岗区	7月16日（星期五）	下午： ①12：00—14：48，由南充北乘坐 D1704 次动车前往遵义市红花岗区。 ②一分队前往遵义会议期间毛泽东、张闻天、王稼祥住址参观，拍摄"川贝大学习"第一期节目——"对话时代青年，传递历史使命"。参观结束后立即撰写新闻稿。二、三分队前往罗夫青年旅舍安放行李。 ③二分队准备晚餐的食材，三分队外出发放调查问卷。 晚上： ①团建，采访罗夫夫妇。 ②点名，强调活动纪律与安全注意事项，准备第二天的活动。	

续表

地点	时间	活动内容	备选方案
遵义市红花岗区	7月17日（星期六）	1. 上午： ①参观遵义会议会址，拍摄"川贝大学习"第二期节目——"遵义会议"。 ②参观遵义会议陈列馆，拍摄"川贝大学习"第三期节目——"伟大长征"。 2. 下午： ①参观遵义红军烈士陵园，为"川贝大学习"第三期节目——"伟大长征"补景。 ②发放调查问卷。 3. 晚上： ①整理资料，撰写新闻稿，整理调查数据。 ②点名，确保人员全部归队。	若遇雨则穿雨衣，注意安全
遵义市红花岗区	7月18日（星期日）	1. 白天： ①前往遵义康宁世纪老年养护院开展"我为群众办事，爱在举手投足间"系列活动。 ②发放调查问卷。 ③前往龙江宾馆（清江村落脚点）。 2. 晚上： ①整理资料，撰写新闻稿，整理调查数据。 ②点名，确保人员全部归队。	
遵义市红花岗区深溪镇清江村	7月19日（星期一）	1. 上午： ①前往清江村村委会整理物资，搬往清江小学。 ②在清江小学宣讲健康知识。 ③宣讲国家资助政策。 ④和小朋友一起做"超轻黏土捏器官"手工活动。 2. 下午： 拍摄"青春为母校歌唱"祝福视频。 3. 傍晚： ①前往宣讲地点一，向村民宣讲健康知识、义诊。 ②发放调查问卷。 ③整理资料，撰写新闻稿，整理调查数据。 ④点名，确保人员全部归队。	傍晚的宣讲活动若遇雨，则前往村民家中进行宣讲。

续表

地点	时间	活动内容	备选方案
遵义市红花岗区深溪镇清江村	7月20日（星期二）	1. 上午： ①前往清江小学宣讲党史知识。 ②教小朋友唱《红星闪闪》并拍摄视频。 ③在清江小学举办趣味运动会。 2. 下午： ①前往宣讲地点二，向村民宣讲健康知识、义诊。 ②发放调查问卷。 ③整理资料，撰写新闻稿，整理调查数据。 ④点名，确保人员全部归队。	若遇雨，上午的趣味运动会删减大型活动，改在室内进行；下午的宣讲活动改为派一支小分队前往村民家中进行宣讲。
遵义市红花岗区深溪镇清江村	7月21日（星期三）	1. 上午： 帮村民做农活、打扫卫生等。 2. 下午： ①回到龙江宾馆。 ②发放调查问卷。 ③整理资料，撰写新闻稿，整理调查数据。 ④点名，确保人员全部归队。	
遵义市红花岗区	7月22日（星期四）	①整理资料并汇总。 ②集合后用餐，解散。	

（四）前期准备

1. 实地踩点

2021年6月初，队长团率先前往遵义进行了为期三天的实地考察，从三个方面为"三下乡"实践活动的顺利开展做了准备。

红色景区：队长团与遵义会议会址，遵义会议期间毛泽东、张闻天、王稼祥住址，遵义红军烈士陵园三个红色文化基地的游客服务中心取得了联系，为实践活动期间队伍顺利参观及举办活动提供了保障。

遵义会议会址

遵义红军烈士陵园

遵义会议期间毛泽东、张闻天、王稼祥住址

实践基地：队长团与遵义荣誉军人康复医院、遵义世纪康宁养护院、深溪镇清江村村委会取得联系，三个实践基地皆表示愿意为实践活动提供支持。

后勤保障：队长团考察了住宿地点及附近餐馆，与罗夫青年旅舍、龙江宾馆及三家饭店达成协议，为实践活动提供了食宿保障；同时，队长团与遵义客运中心取得联系,将活动期间的路线及出行方式安排妥当。

2. 物资准备

相关物资准备工作见表2。

表2 物资准备

分类	物品	数量
衣物	红色队服	24件
	白色队服	24件
	遮阳帽	24件
	雨衣	24件
旗帜	党旗(大)	1面
	党旗(小)	1面
	团旗	1面
	校旗(大)	1面
	校旗(小)	30面
	社旗(大)	1面
	社旗(小)	1面
	队旗(大)	1面
	队旗(小)	1面
	旗杆	1根
	红旗(小)	30面
活动用品	横幅	12条
	宣传扇	1000把
	红军帽	30顶
	一次性纸杯	1包
	教具	2套
	黏土	8盒
	棒棒糖	1盒
	投影仪	1套
	医用口罩	1000个

续表

分类	物品	数量
活动用品	硫黄皂	100 个
	餐具	100 套
	牙具	100 套
	矿泉水	24 瓶
	5 号电池	2 节
	叩诊锤	8 个
	视力表	3 张
	血压计	5 套
	身高体重仪	1 套
	色盲色弱书	2 本
	医用手套	24 副
	急救箱	1 个
药品	藿香正气口服液	2 盒
	创可贴	1 盒
	碘酊	2 瓶
	酒精凝胶洗手液	1 瓶
	万花油	1 瓶
	马来酸曲美布汀片	1 盒
	风油精	5 瓶
	芦荟膏	1 盒
	晕车贴	1 盒
	飞赛乐	1 盒
	复方氨酚烷胺片	1 盒
	云南白药气雾剂	1 盒
	酒精棉片	2 盒
	棉签	2 袋

3. 团建活动及日常培训

（1）团建活动。

本支社会实践队伍在出发前共举办了两次团建活动。

①见面会。

时间：5月16日（队员招募结束后）。

人员：全体队员及指导老师。

目的：使队员相互了解、熟悉；队长和组长安排各队员的前期准备工作，为实践活动的顺利开展提供保障。

②动员会。

时间：7月16日（正式开展活动前夕）。

人员：全体队员及带队老师。

目的：调动队员的积极性，增强队员之间的默契度和信任度；安排活动期间各队员的任务，强调团队纪律，确保实践活动顺利开展。

（2）日常培训。

本支社会实践队伍在出发前共进行了四次培训。

①急救培训。

时间：5月23日。

培训机构：川北医学院附属医院。

培训对象：全体队员。

培训目的：使队员们掌握基本的急救知识，不仅可以在社会实践期间处理突发情况，还可以在实践地向当地村民开展急救培训。

②团队制度培训。

时间：6月15日。

培训老师：临床医学系党总支书记刘书记。

培训对象：全体队员及带队老师。

培训目的：增强队员对团队制度的认识，特别强调安全问题，强化队员安全意识，做到防患于未然。

③文艺节目彩排。

时间：6月15日。

培训对象：全体队员。

培训目的：检查各队员的文艺节目准备情况，熟悉文艺汇演流程，预判会演期间可能存在的问题并做好应急预案，以确保各展演节目顺利流畅。

④义诊培训。

时间：6月19日。

培训对象：全体队员。

培训目的：加强义诊基本知识和基本技能的训练，使队员熟悉义诊器材的使用方法和义诊活动流程，明确义诊活动中各自的工作任务，并加强团队配合，使义诊活动顺利进行。

三、我们一直在路上

（一）出征

彩旗飘扬，歌声嘹亮。2021年7月15日上午，川北医学院举行2021年大学生暑期"三下乡"社会实践活动出征仪式。仪式由校党委副书记黄平主持，校团委书记王帅亭子汇报了工作筹备情况，校党委书记张勇做了动员讲话。最后，院长杜勇宣布川北医学院2021年暑期"三下乡"社会实践活动正式启动。

出征

此次大学生暑期"三下乡"社会实践活动，学校共组建了55支队伍，1396名同学和81名教师参与其中。各支队伍将深入贵州、重庆及四川的20个地市州开展实践。围绕"永远跟党走，奋进新时代"这一主题，按照

"1+X"的活动形式，各实践队伍将前往爱国主义教育基地、革命老区、农村社区，开展政策宣讲、医疗卫生服务、走访调研等活动。实践期间，还将集中开展习近平总书记在庆祝中国共产党成立100周年大会上的重要讲话精神宣讲活动和庆祝川北医学院建校70周年"青春为母校歌唱"祝福视频拍摄活动。

校党委书记张勇表示，历年来，学校高度重视对学生社会实践能力的培养，把社会实践同人才培养目标紧密结合，组织开展了一系列内容丰富且极具教育意义的主题实践活动，已形成制度化、规范化、阵地化的活动体系，呈现出社会实践活动参与面广、特色鲜明、机制成熟、效果显著的特点，取得了服务社会和人才培养的双丰收，每年都涌现出一批社会实践先进集体、先进个人及优秀成果，受到全国全省表彰。张勇书记激励各位队员："出征的号角已经吹响，希望大家积极行动起来，以饱满的热情投身到服务社会和服务人民的活动中，努力在社会实践这一大舞台上，谱写出亮丽的青春乐章！"

（二）遵义市区

1. 瞻仰毛主席住居，追溯革命历史

为重温历史，感悟革命者艰苦奋斗的峥嵘岁月，2021年7月16日下午，川北医学院临床医学系《惟医》通讯社赴遵义市理论普及宣讲队前往毛主席住居陈列馆参观学习。

该陈列馆尊重历史原貌，将毛泽东、张闻天、王稼祥三位中央政治局委员的住居一一还原。住居条件简陋，首先映入眼帘的是少量桌椅和简单的生活用品，其他物件则是少之又少，反映出毛主席等革命者坚守理想、艰苦奋斗的精神。陈列馆中详细介绍了新民主主义革命时期的历史事件，让队员们深切感受到革命胜利的来之不易，也激励了队员们朝"中国梦"的目标奋勇前进。

在参观陈列馆后，队员们来到毛泽东、张闻天、王稼祥的铜像前瞻仰、缅怀革命先辈。遵义会议后，中共中央政治局成立了由毛泽东、张闻天、王稼祥组成的三人军事指挥小组，负责领导红军长征工作。该铜像所反映的正是三人聚在一起讨论的场景。肃立在铜像前，浓烈的革命气息扑面而来。在这里，队员们主持拍摄了"川贝大学习"之"重游一次红色圣地"系列视频

第一期，旨在加强党史学习教育，弘扬爱国主义精神。

此次参观毛主席住居陈列馆，陶冶了队员们的爱国情操，加强了党史学习教育，激励了新一代青年学生满怀爱国热情，勤奋学习，明理笃行，为实现中华民族伟大复兴的中国梦而努力奋斗！

2. 伟大转折载史册，长征精神永流传

2021年7月17日，川北医学院临床医学系《惟医》通讯社赴遵义市理论普及宣讲队在指导老师带领下，来到遵义会议纪念馆参观学习。在这里，大家共同追忆革命历史，体悟革命精神，进一步坚定了理想信念，立志继承和弘扬共产主义光荣传统。

3. 缅怀革命先烈，锤炼坚定信仰

为深刻认识开展党史学习教育的重大意义，追思先烈事迹，继承革命精神，川北医学院临床医学系《惟医》通讯社赴遵义市理论普及宣讲队全体成员于2021年7月17日来到遵义红军烈士陵园开展追思纪念活动。

"天地英雄气，千秋尚凛然。"遵义红军烈士陵园坐落在遵义市凤凰山南麓的小龙山上，整个陵园坐北朝南，前临湘江河，后靠凤凰山，与当年红军鏖战的红花岗、老鸦山遥遥相望。全体队员登上石阶后，首先映入眼帘的便是矗立在门前的红军烈士纪念碑，碑的正面是由邓小平同志亲笔题写的"红军烈士永垂不朽"几个大字。纪念碑风雨不倒，讴歌着党的历史上那些如明星般熠熠生辉的革命先烈。

全体队员在纪念碑前向红军烈士默哀致敬

纪念碑后是红三军团参谋长邓萍烈士之墓，这位陨落的将星在此长眠。队员们在墓前列队肃立，回忆往日艰苦岁月，缅怀革命先烈。随后，队员们跟随讲解员来到邓萍中弹倒后在战友张爱萍怀里的雕塑前。在讲解中，充满血雨腥风的战争岁月浮现在大家眼前，队员们深切体会到今日幸福生活的来之不易，也深刻体会到中国共产党人为实现民族独立和人民解放所做出的巨大牺牲。

4. 我为群众办实事，爱在举手投足间

敬老爱老是中华民族的传统美德，也是"三下乡"实践活动的重要内容之一。2021年7月18日，川北医学院临床医学系《惟医》通讯社赴遵义市理论普及宣讲队来到遵义康宁世纪老人养护院开展敬老爱老活动。

岁月悠悠，精神长存。上午，队员们先在院中举行文艺汇演。诗歌朗诵《百年梅花寒》声情并茂，将祖国与个人、情怀与责任融合在一起，感人至深；吉他弹唱《忆》《遇见》细腻动人，青春洋溢；歌曲合唱《唱支山歌给党听》婉转悠扬，深深表达了对党和国家的热爱……文艺会演结束后，宣讲队员围绕"四季食养"和"高血压"两大主题做了健康知识宣讲，以热情活泼、通俗易懂的方式将医学知识、健康知识传递给老人们，践行医学生的责任和使命。最后，全体队员以合唱《没有共产党就没有新中国》作结，并为老人们拍摄"最美笑脸"，将老人们可爱的脸庞、自然的笑容定格在相机中。这一活动也让队员们认识到：我们今天的美好生活离不开前人的奋斗，当代青年学子应当牢记初心与使命，继续阔步向前。

敬老爱老，身体力行。下午，队员们利用自身所学知识，为老人们按摩、推拿，帮他们舒经活络，活血化瘀。老人们对此表现出极大的热情，队员们也竭尽所能，为老人们做一些力所能及之事。按摩、推拿活动结束后，"邮差活动"随即展开。队员们为老人装信、投递，将一封封带着思念、期盼与心愿的信件投向独属于老人们的美好远方。"感谢你们这一群年轻人，我很感动，很激动。在你们身上，我真切地感受到'请党放心，强国有我'的真正含义。"老人家属激动而深情地说道。

情感永远是联结人与人的纽带。在本次敬老爱老活动中，队员们感受到敬老爱老的重要性，也感受到人与人之间的温暖真情。作为当代青年学子，队员们将带着这份情感与使命，行医者之路，铸无愧之心。

(三) 深溪镇清江村

1. 大手拉小手，健康一起走

为进一步提高基层群众的健康意识、健康水平，2021年7月19日上午，川北医学院临床医学系《惟医》通讯社赴遵义市理论普及宣讲队在遵义市深溪镇清江村清江小学开展了"小手拉大手，健康一起走"健康知识普及宣讲活动。

宣讲活动在歌舞节目《你笑起来真好看》的欢声笑语中正式拉开序幕。队员们从"牙"和"眼"这两个重要的器官入手，以"惟心爱童，医路护牙"和"科学用眼，预防近视"为主题，为清江村小学生群体普及了健康知识。队员们以医学生的使命为己任，将大量生活案例与爱眼、爱牙知识相结合，使枯燥乏味的知识有了活力，让高深难懂的理论变得通俗，激起了小朋友们对爱眼护牙知识的浓厚兴趣。同时，秉承"实践于基层，服务于基层"的理念，队员们还为小朋友们做了视力检测，以帮助他们尽早发现、有效预防视力问题。此外，队员们还带领小朋友们用超轻黏土制作眼、牙等医学模型，帮助他们进一步了解眼、牙健康的重要性。

本次宣讲活动不同于以往以"病"为主的知识讲座，而是以宣讲新的健康理念和普及必备健康知识为目的，旨在增强医学生的使命感与责任感，培养其扎根基层、无私奉献的品质，为基层群众办实事，向社会展示川北医学院学子"敬业、求是、博爱、创新"的精神面貌。

2. 播撒红色种子，传承红色基因

为弘扬以爱国主义为核心的民族精神，加强小学生思想政治教育，引导小学生"知史爱党、知史爱国"，2021年7月20日，川北医学院临床医学系《惟医》通讯社赴遵义市理论普及宣讲队在深溪镇清江村清江小学开展了党史学习教育和趣味运动会。

党史学习教育以"从小学党史，永远跟党走"为主题，通过理论讲解、动画演示、趣味问答等形式生动地展现了中国共产党的发展历程。主讲人高建源勉励小朋友们：要理解今天的幸福生活和伟大成就来之不易，以史为鉴，开创未来。小朋友们积极响应。在浓厚的爱国爱党氛围中，队员龙欣玲应小朋友们要求，教大家唱《红星闪闪》。小朋友们嘹亮的歌声唱出了中华

民族的伟大精神和豪迈气概，唱出了新时代儿童对党和祖国的深情热爱和热情讴歌，振奋人心，催人奋进。

党史学习内容丰富，小学生年龄小、知识储备少，于是，队员们利用学生喜乐见闻的党史趣味运动会调动其学习积极性。运动会以"继往开来，承运动精神；勇往直前，做运动少年"为主题，通过多个小游戏，加深小学生对党史知识的认识和理解，激发其爱国爱党的情怀。

3. "医"路向党，"医"心为民

"义诊下乡，情暖清江"，为响应"健康中国"号召，增强基层民众健康意识，弘扬社会志愿服务精神，2021年7月20日，川北医学院临床医学系《惟医》通讯社赴遵义市理论普及宣讲队在深溪镇清江村开展了社区义诊活动，为清江村村民提供基础诊疗服务。

义诊活动以"我为群众办实事"为主题，为村民们进行了整体、五官、循环、神经和外科五大项目检查，旨在帮助村民了解自身的基本健康状况，引导他们关注日常生活中的健康问题。诊疗之余，不少村民还向义诊队员询问如何防治相关疾病，队员们均一一细心解答。在开展义诊活动的同时，队员们还向村民普及了国家基本医疗政策。

"爱在举手投足间"，在义诊过程中，宣讲队为村民们发放了1000余枚口罩以及梳子、牙刷等各类生活用品，同时还以健康知识宣传册为载体，向村民们传递了健康新理念，旨在帮助村民了解基层医疗服务政策，加强对自身健康管理的重视。

4. 同护劳动心，共植劳动情

为响应"大学生走进乡村基层"的号召，弘扬大学生志愿服务精神，体会劳动的不易与艰辛，2021年7月21日，川北医学院临床医学系《惟医》通讯社赴遵义市理论普及宣讲队在深溪镇清江村高粱地开展了务农活动。

烈日当空，挡不住队员们的热情与执着。在高粱地里，队员们戴上手套，俯身埋头，认真拔除杂草、清除杂物，通过做力所能及之事，将劳动精神、志愿服务精神深刻践行。务农活动结束后，当地村民带领队员们参观了兰花种植园。这里的兰花生长茂盛，摆放整齐，昭示着中国乡村的蓬勃发展。

烈日难挡劳动热情

本次务农活动使队员们真正体会到劳动的艰辛和不易，意识到当下美好生活的珍贵，同时也感受到中国乡村的巨变以及未来无限广阔的前景。不论社会如何变迁，劳动精神将长存。尊重劳动、热爱劳动、坚持劳动，发扬志愿服务精神，是当代青年的责任与使命。

5. 授牌仪式

7月21日，川北医学院临床医学系2021年暑期"三下乡"大学生社会实践基地授牌仪式在清江村顺利举行。清江村党总支书记李军、宣讲队指导老师庞娟、宣讲队一分队6名成员及其他有关人员共同参加了此次授牌仪式。

授牌仪式由实践队队长刘升主持。宣讲队指导老师庞娟在致辞中回顾了本次社会实践活动，向大力支持此次活动的清江村干部及群众表示感谢，期望川北医学院暑期社会实践在清江村日升月恒，培育更多人才，续写新的华章。

川北医学院临床医学系与清江村本着互惠互利、共同发展的原则，以大学生实践培养的方式，加强沟通交流，发挥协作优势。授牌仪式的顺利举行，标志着清江村大学生社会实践基地正式形成，川北医学院将与清江村保持长期合作，为大学生素质教育和社会服务做出更大的贡献。

四、总要留下点什么

(一)调查问卷

遵义市市民对绿色发展背景下红色旅游现状的了解情况调查

遵义市市民,您好!

遵义市不断开发红色旅游资源,打造了一系列红色景区,为擦亮遵义"红色名片"做出了巨大贡献。当然,在发展过程中也出现了一些问题,制约了遵义红色旅游的绿色可持续发展。为了解遵义市红色旅游在绿色发展背景下的发展现状,调查市民对红色旅游的了解情况以及目前红色旅游发展中存在的问题,特邀请您填写以下问卷。

1. 您是否为遵义市常住居民?(　　)

　A. 是　　　　　　　　　　B. 否

2. 您的性别是(　　)。

　A. 男　　　　　　　　　　B. 女

3. 您的年龄是(　　)。

　A. 18岁以下　　B. 18~40岁　　C. 41~60岁　　D. 60岁以上

4. 您的文化程度是(　　)。

　A. 小学或初中　　B. 高中　　C. 本科　　D. 硕士及以上

5. 您的旅游频率是(　　)。

　A. 每月至少一次　　　　　B. 一年三次左右

　C. 一年一次　　　　　　　D. 近三年没有过

6. 您是否去过遵义市红色旅游景点?(　　)

　A. 是　　　　　　　　　　B. 否

7. 您所了解的红色旅游景点有哪些?(　　)(多选)

　A. 观光景区　　B. 纪念馆　　C. 名人故居　　D. 革命遗址

8. 您对目前红色旅游景点发展的满意程度是(　　)。

　A. 非常满意　　B. 满意　　C. 一般　　D. 不满意

9. 您认为目前遵义市发展红色旅游有哪些优势?(　　)(多选)

　A. 交通便利　　　　　　　B. 气候适宜

C. 资源丰富　　　　　　　　　D. 历史文化丰富

10. 您认为目前遵义市红色旅游有哪些不利条件？（　　）（多选）

　　A. 配套基础设施不完善　　　B. 景区服务水平低

　　C. 旅游市场发展不规范

11. 您认为该如何优化景区管理机制？（　　）

　　A. 借鉴先进经验　　　　　　B. 引入更多市场因素

　　C. 创新管理手段　　　　　　D. 引入民间资本

12. 您认为红色旅游资源开发应注重哪些方面？（　　）

　　A. 提升游客体验感　　　　　B. 加强景区直接交通连接

　　C. 拓宽客源市场　　　　　　D. 统一发展，打造旅游品牌

13. 您认为红色旅游景点应如何加大宣传力度？（　　）

　　A. 增强创新性　　　　　　　B. 增大广告投放量

　　C. 融入遵义独特元素

14. 您认为实现红色旅游的可持续发展需要加强哪些建设？（　　）

　　A. 与其他区域开展合作　　　B. 打造"红色旅游"品牌

　　C. 进行有效的科学规划　　　D. 与地方扶贫有机结合

15. 请提出您对遵义市红色旅游发展的建议。

_____

_____

_____

_____

遵义市红花岗区中老年人娱乐方式及其对老年慢性病的影响调查

红花岗区居民，您好！

  为了调查对遵义市红花岗区中老年人慢性病预防和自我管理最具积极影响的娱乐方式，以便政府有针对性地投入资金建设相关设施，为中老年人的健康生活服务，减少资源浪费，请您回答以下问卷。您的回答没有"对"与"错"之分，请您尽量根据自己的实际情况作答，我们将对您的回答严格保密，谢谢！

编号_____

A. 基本状况

A1. 您是否为红花岗区城镇居民？（　　）

①是　　　　　　　　②否

A2. 您的年龄是（　　）。

①50岁以下　　②50~59岁　　③60岁及以上

A3. 您性别是（　　）。

①男　　　　　　　　②女

B. 娱乐方式现状

B1. 儿女平时陪伴在您身边的时间（　　）。

①非常多　　②较多　　③一般　　④较少

B2. 您平时关注身边人娱乐活动的情况是（　　）。

①经常关注　　②偶尔关注　　③不关注

B3. 您每天能够自由支配的时间是（　　）。

①十分充足（5小时以上）　　②充足（4~5小时）

③一般（2~4小时）　　④极少（2小时以下）

B4. 您平均每天花在娱乐上的时间是（　　）。

①3小时以上　　②2~3小时　　③1~2小时　　④1小时以下

B5. 您平时娱乐的主要时间段是（　　）。

①清晨　　②上午　　③中午

④下午　　⑤晚上

B6. 您平时主要的娱乐场所是（　　）。

①社区　　　　　　　　②广场

③老年娱乐中心　　　　　　　　④其他

B7. 您平时的娱乐多选择（　　）。

①独自一人　　②与他人结伴　　③都有

B8. 您平时的娱乐方式有（　　）。（多选）

①跳广场舞　　　　②打太极拳

③打羽毛球　　　　④演奏乐器

⑤玩棋牌　　　　　⑥使用公共娱乐设施

⑦看电视　　　　　⑧散步

B9. 在第B8题您所选的选项中，您最喜欢的娱乐方式是＿＿＿＿。

C. 娱乐方式及态度

C1. 您认为娱乐活动给您带来的好处是（　　）。（多选）

①缓解生活压力　　　　　　　　②丰富老年生活

③有助于预防和治疗老年慢性病　④追随潮流

⑤其他

C2. 您认为娱乐活动给您带来的困扰是（　　）。（多选）

①睡眠不佳（例如在您休息时广场上播放的音乐声过大）

②您的娱乐方式影响到他人正常生活或工作

③家庭关系不协调（例如过于沉迷某些棋牌活动）

④其他　　　　　　　　　　　　⑤无

C3. 您认为娱乐活动对您身体和心理健康的影响是（　　）。

①对二者都有帮助

②对身体健康帮助大，对心理健康帮助较小

③对心理健康帮助大，对身体健康帮助较小

④对二者没有什么帮助

C4. 您对于自己目前娱乐方式的满意度是（　　）。

①非常满意　　②满意　　③一般

④不满意　　　　　　　　⑤非常不满意

C5. 现有娱乐设施能否满足您的需求？（　　）

①非常满足　　②满足　　③一般

④不满足　　　　　　　　⑤非常不满足

C6. 您希望国家、社会在娱乐方面为老年人提供哪些关怀？（　　）

(多选)

①经济支持　　　　　　　　②新建娱乐场所

③新增娱乐项目　　　　　　④相关制度保障

⑤其他

D. 自身健康现状及就医方式选择

D1. 您近期或曾经是否患有慢性病？（　　　）

①从未患有慢性病

②曾患有，现已康复

③现患有慢性病

D2. 若您患有慢性病，是患有哪种或哪几种慢性病？（　　　）（多选）

①高血压　　　　②糖尿病　　　　③高血脂

④冠心病　　　　⑤慢性支气管炎

⑥其他

D3. 当出现慢性病症状时，您是否选择就诊？（　　　）

①是　　　　　　②没有，自我治疗或不在意

D4. 每次生病时，您在病情达到多严重时才选择就诊？（　　　）

①非常严重，影响到正常生活　　　②较严重，正常生活偶尔受影响

③一般，正常生活不受影响　　　　④患病立即就诊

D5. 您是否注重疾病预防与康复？（　　　）

①不重视　　　　②较重视　　　　③重视

D6. 当您生病时，您通常选择哪类医疗机构？（　　　）

①私人诊所　　　②镇卫生院　　　③县级医院　　　④市级以上医院

D7. 您选择该医疗机构原因是（　　　）。

①医疗水平较高　　②交通方便　　　③别人推荐的，能治好病

④能报销医药费　　　　　　　　　⑤医药费较低

D8. 近几年您的就诊方式中最多的是（　　　）。

①门诊治疗　　　②非门诊非住院治疗　　　③住院治疗

D9. 针对慢性疾病，您每年所花的医药费是多少？（　　　）

①<1000 元　　　②1000~4999 元　　　③5000~9999 元　　　④>10000 元

（二）调查报告

绿色发展背景下遵义市红色旅游发展的调查报告

调查时间：2021年7月15日—22日

调查地点：遵义市红花岗区

调查对象：在遵义会议会址、遵义红军烈士陵园等红色旅游景点及其附近街道进行随机问卷调查。在填写问卷时，被调查者被告知本次调查的目的，取得知情同意后独立完成本问卷。

调查方法：调查小组查阅相关文献后，结合指导老师意见设计问卷；在"三下乡"活动期间前往既定调查地点，在告知被调查者调查目的与内容后，完成问卷发放与回收。

调查人及分工：彭××、张××、郑××，三人均参与问卷设计、问卷发放、数据收集、数据分析、报告撰写。

报告正文：

1 前言

红色旅游景点是在中国共产党领导人民进行革命、建设、改革，不断创造丰功伟绩的过程中形成的具有历史纪念价值的纪念地，是传承革命历史、革命精神的载体。遵义会议会址是新民主主义革命时期留下的一笔宝贵历史文化遗产，不仅具有重要的育人价值，也具有一定的经济价值。在日益重视绿色协调可持续发展的今天，探究如何在绿色发展理念下发展红色旅游是本次调研的目的。

2 调查结果

2.1 基本情况

本次调查共发放问卷167份，回收167份，其中有效问卷154份，问卷回收率为100%，问卷回收有效率为92.22%。154名被调查者中，男性86名（55.8%），女性68名（44.2%）；常住居民71名（46.1%），非常住居民83名（53.9%）；18岁以下的27人（17.5%），18～40岁的78人（50.6%），41～60岁的42人（27.3%），61岁以上的7人（4.5%）；小学或初中学历的35人（22.7%），高中学历的41人（26.6%），大学本科学历的 65 人（42.2%），硕士及以上学历的 13 人（8.4%）。

2.2 对红色旅游的了解情况

本次调查结果显示，154 名被调查者中，每月至少旅游一次的占 7.1%，一年旅游三次左右的占 26.0%，一年旅游一次的占 40.3%，近三年没有旅游过的占 26.6%。可以看出，超 70% 的人每年至少旅游一次。（详见表 1）

在对红色旅游景点了解情况的调查中，选择"观光景区"的占 53.9%，选择"纪念馆"的占 75.3%，选择"名人故居"的占 59.7%，选择"革命遗址"的占 66.9%。（详见表 2）

表 1 每年旅游情况

旅游频率	人数	占比
每月至少一次	11	7.1%
一年三次左右	40	26.0%
一年一次	62	40.3%
近三年没有过	41	26.6%

表 2 对红色旅游景点的了解情况

红色旅游景点类型	人数	占比
观光景区	83	53.9%
纪念馆	116	75.3%
名人故居	92	59.7%
革命遗址	103	66.9%

2.3 遵义发展红色旅游的优势

在本次调查中，对于当前遵义红色旅游的发展，表示"非常满意"的有 55 人（35.7%），表示"满意"的有 70 人（45.5%），表示"一般"的有 28 人（18.2%），表示"不满意"的有 1 人（0.6%）。可见，大多数被调查者对遵义当前红色旅游的发展持满意态度。（详见表 3）

在有关遵义发展红色旅游的优势的调查中，选择"交通便利"的占 62.3%，选择"气候适宜"的占 62.3%，选择"资源丰富"的占 40.3%，选择"历史文化丰富"的占 77.9%。可见，"历史文化丰富"为遵义红色旅游的主要优势。（详见表 4）

表3 对遵义红色旅游现状的满意度

满意度	人数	占比
非常满意	55	35.7%
满意	70	45.5%
一般	28	18.2%
不满意	1	0.6%

表4 遵义发展红色旅游的优势

优势	人数	占比
交通便利	96	62.3%
气候适宜	96	62.3%
资源丰富	62	40.3%
历史文化丰富	120	77.9%

2.4 遵义红色旅游的不足

遵义红色旅游的不足主要集中在配套基础设施不完善、景区服务水平低、旅游市场不规范三个方面。调查中，选择"配套基础设施不完善"的占46.1%，选择"景区服务水平低"的占24.7%，选择"旅游市场不规范"的占30.5%。可见，"配套基础设施不完善"为遵义红色旅游的主要不足。（详见表5）

表5 遵义红色旅游的不足

不足	人数	占比
配套基础设施不完善	71	46.1%
景区服务水平低	38	24.7%
旅游市场不规范	47	30.5%

3 讨论

3.1 遵义发展红色旅游的优势

当年红军长征行程二万五千里，历时两年。遵义是红军长征中停留时间最长的地方。1934年底至1935年四月，红军有三个多月转战在遵义的山山水水，足迹遍布11个县（区）、153个乡（镇）。以黔北遵义市红花岗区为中心，覆盖黎平、瓮安、遵义、桐梓、习水、仁怀、赤水等县市的点线结合的中央红军长征遗址群，红色文化遗产数量大、种类多。已开发的红色旅游景点主要有遵义会议会址、红军总政治部旧址、红军街、娄山关红军战斗遗址、红军烈士陵园、四渡赤水的各个渡口、习水四渡赤水纪念馆、浙江大学西迁博物馆、遵义县革命委员会旧址、遵义县群众大会会场等80余处。

遵义市位于贵州省北部，地处国家规划的长江中上游综合开发和黔中经济区综合开发重要区域，处于成渝—黔中经济区走廊的核心区和主廊道，是黔渝合作的桥头堡、主阵地和先行区，是西南地区承接南北、连接东西、通江达海的重要交通枢纽。

气候资源也是遵义发展旅游业的重要优势之一。遵义地处亚热带季风气候区，四季分明，雨热同期，冬无严寒，夏无酷暑，雨量充沛，日照充足。温暖湿润的气候，使得遵义一年四季皆可游览。

3.2 遵义红色旅游的不足及改进策略

（1）基础设施不完善。

根据调查，基础设施不完善是影响遵义红色旅游发展的主要因素。通过实地考察及与游客交流发现，其中最为突出的问题是休息区域较少，景区内只设有少量石凳，在客流量较大的情况下难以满足游客休息的需求。此外，景区周围摊点较多，垃圾桶数量较少，常造成景区脏乱的情况。对此，有以下对策建议：①政府出资修建游客休息场所及设施；②增设一定数量的垃圾桶，并及时清理景区垃圾；③对周围摊点数量进行限制，并以适当的奖惩方式对摊点排污进行管理；④景区内设置一定数量的宣传标语，提醒游客文明旅游。

（2）景区服务水平低。

经实地考察发现，景区拥挤现象尤为严重，某些景点因排队地点不明、开馆时间延迟等问题招致游客诸多不满。对此，有以下对策建议：①采用网络实名预约制，并限制每个时间段的游客数，以缓解拥挤问题，提升游玩的体验；②在景区周边增设游玩、休息场所，并做好地点标示；③招募一定数量的志愿者或安排工作人员进行队伍疏导；④在排队区域设置历史讲解点，提升游客体验，稳定游客情绪。

（3）景点形式单一。

遵义各红色景点多采用游客自行游览遗址或讲解员带领游览的形式，较为单调。调查发现，提升体验感和创新性是促进遵义红色旅游发展不可忽视的攻坚点。对此，有以下对策建议：①建立长征文化体验基地，增强游客的体验感。还可以选择合适的位置建立长征时期黔北人民的生活方式体验基地，使游客在游览之后能够加深情感体验。②排演相应的情景剧或歌舞节目，再现红军长征时的历史故事以及遵义的地方文化，使游客深度了解遵义的红色历史。

4 结语

遵义拥有得天独厚的红色文化资源，大力发展独具特色的红色旅游产业，对于全面快速推进遵义的经济发展具有举足轻重的作用，同时也是坚持可持续发展的重要举措。对于现存的设施、管理不完善等问题，应充分发挥市场配置及政府主导两个作用，形成优势互补、多元共振的发展格局。要充分调动市场资源，突破现有的单一旅游模式，挖掘红色历史内涵，让游客有物可观。要在政府主导下创新投资模式，坚持市场运作、多元投资、共同开发、优势互补，全面解决旅游产业中投入不足的问题，将可持续发展的理念融入红色旅游的发展中。

不同娱乐方式对红花岗区中老年人慢性病预防和自我管理的影响

2021年国家统计局公布的第七次全国人口普查结果显示，我国60岁及以上人口约为26402万人，占18.70%（其中65岁及以上人口约为19064万人，占13.50%）。在人口老龄化进一步加深的同时，人民对老年慢性病的关注度日益提高，有调查显示，80%的老年人至少患有1种慢性病，50%的老年人患有两种慢性病[1]。遵义市政府围绕养老服务重点支持领域和34项改革试点任务，按照"市级有龙头、县区有示范、乡镇有基地、社区有场所、农村有院会"的工作思路，全面实施"一个中心、两轮驱动、三大突破、四项创新"的战略发展路径，着力凸显遵义居家和社区养老服务"五大亮点"，努力提高全市老年人的幸福感、获得感和安全感。

本调查项目旨在寻找对遵义市红花岗区中老年人慢性病预防和自我管理最具积极影响的娱乐方式及其相关情况，方便政府有针对性地投入资金发展相关娱乐项目，减少资源浪费，同时也为老年慢性病的预防和管理做出贡献。

1 资料与方法

1.1 一般资料

在遵义市红花岗区以50岁以上的中老年人作为调查对象，采用简单随机抽样方法，以问卷问答形式调查被抽中的对象。

1.2 调查内容

调查内容包括：

①中老年人基本情况（性别、年龄）；

②娱乐现状（与子女居住情况、自由支配时间、娱乐花费时间、娱乐主要时间段、娱乐场所、娱乐方式）；

③对娱乐活动的态度（娱乐活动的益处、对身心健康的影响程度、娱乐设施满意度等）；

④慢性病预防和自我管理状况（对待慢性病的态度、慢性病就医方式、慢性病花费等）。

1.3 调查方法

在大学生暑期"三下乡"社会实践期间，调查员向调查对象讲解调查目的、内容和意义后，发放问卷，并在以问答形式完成问卷后当场回收问卷。

1.4 统计学方法

剔除无效问卷后,采用 EpiData3.1 录入数据,以 SPSS19.0 软件进行数据分析。分析方法包括:统计描述、卡方检验。

2 调查结果

2.1 基本情况

本次调查共发放问卷 149 份,回收问卷 149 份,其中有效问卷 133 份。问卷回收率 100%,有效率 89.26%。

在本次调查的中老年人中,男性 57 人(42.86%),女性 76 人(57.14%);50~59 岁 42 人(31.58%),60 岁以上 91 人(68.42%)。

2.2 中老年人平均每天娱乐时间

经调查发现,红花岗区中老年人每天可自由支配时间充裕且花费在娱乐上的时间充足。41.4% 的中老年人每天可自由支配时间在 5 小时以上,4~5 小时的占 24.8%,2~4 小时的占 21.1%;43.6% 的中老年人每天娱乐时间超过 3 小时,娱乐时间为 2~3 小时的占 26.3%,娱乐时间为 1~2 小时的占 17.3%,仅有 12.8% 的中老年人每天娱乐时间小于 1 小时。

2.3 中老年人的娱乐方式

红花岗区中老年人平时的娱乐方式包括跳广场舞、打太极拳、打羽毛球、玩棋牌、看电视、演奏乐器、使用公共娱乐设施、散步等,其中以看电视(68 人,51.13%)和散步(61 人,45.86%)为主,其次是玩棋牌(29 人,21.80%),最少的为演奏乐器(2 人,1.50%)。总体来说,红花岗区中老年人的娱乐方式集中于看电视和散步。(详见表 1)

表 1 红花岗区中老年人的娱乐方式

娱乐方式	人数	占比
跳广场舞	24	18.05%
打太极拳	4	3.01%
打羽毛球	4	3.01%
玩棋牌	29	21.80%
看电视	68	51.13%
演奏乐器	2	1.50%
使用公共娱乐设施	16	12.03%

续表

娱乐方式	人数	占比
散步	61	45.86%

2.4 对娱乐活动的益处的认识

调查结果显示，有75.94%的中老年人认为娱乐活动的益处是可以丰富老年生活，其次有57.14%的人认为可以缓解生活压力，认为有助于预防和治疗老年慢性病的占49.62%。（详见表2）

表2 红花岗区中老年人对娱乐活动的益处的认识

益处	人数	占比
缓解生活压力	76	57.14%
丰富老年生活	101	75.94%
有助于预防和治疗老年慢性病	66	49.62%

2.5 娱乐活动对慢性病预防和自我管理的影响

经调查发现，74.43%的中老年人认为娱乐活动对身体健康和心理健康有帮助；当出现慢性病症状时，80.45%的中老年人会选择立即就诊；超过86.46%的中老年人重视和较为重视疾病的预防和康复。经分析，对于娱乐活动与身心健康的关系的认知对慢性病预防和管理的影响具有统计学意义（$p=0.043$）。

2.6 不同娱乐方式对慢性病预防和自我管理的影响比较

通过将不同娱乐方式对中老年人慢性病预防和自我管理的影响的卡方值进行对比，发现玩棋牌和使用公共娱乐设施对中老年人慢性病预防和自我管理的影响具有统计学意义（$p=0.048$）。

2.7 现有娱乐设施满足中老年人娱乐需求的情况

调查结果显示，红花岗区现有娱乐设施基本能满足中老年人的娱乐需求，但仍有一部分人认为现有娱乐设施不能满足甚至非常不满足其娱乐需求。（详见表3）

表3　现有娱乐设施满足中老年人娱乐需求的情况

满足情况	人数	占比
非常满足	25	18.80%
满足	74	55.64%
一般	23	17.29%
不满足	10	7.52%
非常不满	1	0.75%

2.8　中老年人对满足娱乐需求的期望

调查结果显示，有48.87%的中老年人希望政府能在满足娱乐需求方面为他们提供相关制度保障，其次是提供经济支持（36.09%），再次是新建娱乐场所（27.82%）、新增娱乐项目（26.32%）。（详见表4）

表4　中老年人对满足娱乐需求的期望

期望内容	人数	占比
提供经济支持	48	36.09%
新建娱乐场所	37	27.82%
新增娱乐项目	35	26.32%
相关制度保障	65	48.87%
其他	26	19.55%

3　讨论

3.1　红花岗区中老年人的娱乐现状

经调查发现，红花岗区43.6%的中老年人每天娱乐时间在3小时以上，每天娱乐时间小于1小时的仅占12.8%。总体来说，当地中老年人娱乐时间较为充足。但是他们的娱乐方式多集中于看电视和散步。经实地调查发现，造成这一现象的主要原因为红花岗区属于遵义市老城区，建筑较为密集，公共娱乐场所的覆盖范围小且设施陈旧，导致大部分中老年人多选择以看电视或者散步作为主要娱乐方式。这和孙莹在《城市居住区老年人休闲娱乐场所研究》中的结论不谋而合：公共服务设施普遍呈现出服务半径小、活动设施陈旧、建筑空间功能单一等问题[2]。

3.2 不同娱乐方式对慢性病预防和自我管理的影响

经调查发现，棋牌类活动和使用公共娱乐设施对红花岗区中老年人慢性病预防和自我管理的影响具有统计学意义，这可能是因为这两种娱乐方式增进了中老年人之间的交流，使得彼此更容易关注自身和他人的健康状况，从而有利于对慢性病的预防和自我管理。

3.3 红花岗区中老年人对满足娱乐需求的期望

经调查发现，红花岗区中老年人对满足娱乐需求的期望，以提供相关制度保障为主（48.87%），其次是提供经济支持（36.09%）。其背后的主观因素可能是这一代中老年人过去养成了勤俭节约的生活习惯，在晚年生活或即将步入晚年生活时希望自身经济来源和生活质量得到一定的保障。其客观因素可能是慢性病具有长期、反复及迁延等特点，患者需经常往返于医院、社区或家庭以获得长期医疗照护服务，并对服务质量有较高要求[3]，因而希望得到相关部门的制度保障和经济支持。

4 建议

4.1 统筹推进城乡养老服务发展，开展跨小区老年娱乐活动

2020年国务院办公厅发布的《关于建立健全养老服务综合监管制度促进养老服务高质量发展的意见》明确指出：强化政府保基本兜底线职能，健全基本养老服务体系。优化乡村养老设施布局，整合区域内服务资源，开展社会化管理运营，不断拓展乡镇敬老院服务能力和辐射范围。[4]整合相邻小区的养老服务资源，开展诸如老年兴趣班、老年棋牌交流赛等跨区域的老年娱乐活动，既有利于社会养老资源合理共享共用，又有利于丰富中老年人的生活，增进中老年人之间、中老年人和社会之间的联系和交流，促进身心健康。

4.2 政府追加红花岗区公共体育设施建设投资

有研究表明，高龄、独居、营养不良及抑郁是社区老年慢性病患者认知衰弱发生的独立危险因素，体育锻炼为其发生的保护性因素。[5]政府应追加中老年人口密集住宅区配套的公共体育锻炼设施，积极检查并维护各个住宅区已经有一定使用年限的公共体育锻炼设施。位杰[6]在2017年提出，要使体育设施真正发挥作用，就应抓好管理和维修，使其更好地服务于居民。因此定期对公共体育设施进行保养、检测和维修很有必要。[7]

4.3 完善社区中老年人慢性病管理机制，提高居民慢性病自我管理意识

目前我国的老年慢性病居家管理还处于探索阶段，患者的自我管理能力弱，家庭参与过少，社区慢性病管理能力不足。[8]对此，每年可定期组织社区医务人员调查社区内中老年人慢性病的分布情况并及时建档存档；对患有多种慢性病的病人，应分别进行健康宣教，如帮助他们掌握血压、血糖、体重等自我监测技能及饮食护理方法等；病情允许者可进行身体锻炼，经常参加社区健康活动等；讲解疾病预后等情况，缓解病人的焦虑不安情绪。[9]此外，对社区普通居民及慢性病患者家属的健康教育同样应当重视。有研究报告显示，我国大部分合并慢性疾病的老年患者，均因家属不具备专业护理知识和护理技能，导致患者缺乏有效、及时的护理干预。[10]因此，强化家庭成员在慢性病预防和自我管理方面的辅助角色，有助于保障广大中老年慢性病患者的生活质量，提升其生活幸福感。

参考文献：

[1] KANASI E, AYILAVARAPU S, JONES J. The aging population: demographics and the biology of aging [J]. Periodontology, 2016, 72 (1)：13－18.

[2] 孙莹. 城市居住区老年人休闲娱乐场所研究 [D]. 青岛：青岛理工大学, 2013.

[3] 马航霞, 周赛赛, 林蓓蕾, 等. 老年慢性病患者过渡期护理服务评价指标 [J]. 中国老年学杂志, 2021, 41 (12)：2666－2669.

[4] 国务院办公厅. 关于建立健全养老服务综合监管制度促进养老服务高质量发展的意见（国办发〔2020〕48号）[EB/OL]. (2020－11－26)[2022－12－25]. https://www.gov.cn/gongbao/content/2021/content_5578530.htm.

[5] 杨振, 张会君. 社区老年慢性病患者认知衰弱风险预测模型的构建及验证 [J]. 护理学杂志, 2021, 36 (12)：86－89.

[6] 位杰. 烟台市莱阳市居民公共体育设施满意度研究 [J]. 福建质量管理, 2017, 38 (11)：245, 187.

[7] 刘慧玲, 田奇恒. 社区活动开展视域下老年人心理健康水平提升路径

[J]. 中国老年学杂志，2019，39（14）：3571-3576.

[8] 曾佳，林惠仙. 老年慢性病患者居家管理模式探索及存在问题的研究[J]. 中国老年保健医学，2021，19（2）：103-105，110.

[9] 陈玉华，杨雯雯，施晓柳，等. 老年慢性病病人信息性支持现状及影响因素分析[J]. 护理研究，2021，35（13）：2390-2395.

[10] 孙丹. 医养结合理念下护理干预对老年慢性病患者生存质量改善的效果探讨[J]. 医学前沿，2019，9（31）：185-186.

【教师点评】

本实践纪实报告以时间为主线，对"三下乡"团队的前期准备、实践内容及行程、社会调研等方面工作阐述详备，并收录了《绿色发展背景下遵义市红色旅游发展的调查报告》和《不同娱乐方式对红花岗区中老年人慢性病预防和自我管理的影响》两份调查报告。实践团队能够把思政大课堂与专业实践充分融合，坚持在实践中接受思政教育，在实践中增强服务社会的本领，展现了新时代大学生实践报国的青春风采。但本实践报告对活动影响力、活动感悟、活动总结着墨不够，活动特色凝练不足。

（龚晓琴）

"家校协同1+N教育实践与探究"
社会实践报告

2019级护理9班　谭圣榆

一、实践背景

为响应教育部关于大学生在学期间参加暑期社会实践的号召，也为了提升自己的综合素质，尤其是解决实际问题的能力，2020年暑假，我作为一名志愿兼职老师，参加了成都彭州市隆丰初级中学的"家校协同1+N教育实践与探究"活动。

"家校协同1+N教育实践与探究"活动，是隆丰初级中学自2018年开始，专门针对留守少年儿童开展的托管关爱活动。活动期间，志愿者们集中在隆丰镇新润、双埝、红光三个社区的"儿童之家"，为父母不在家、父母在家但无法辅导孩子暑期作业以及完成假期作业有困难的学生提供全面辅导。

二、实践经历

2020年8月16日，隆丰初级中学党支部、团委、少先队大队部以及教师志愿者一行，在社区负责人、学校负责人、学校志愿者、家长志愿者和孩子们的共同见证下举行了"家校协同1+N教育实践与探究"活动的开启仪式。就这样，我的暑期实践活动正式开始了。

我所在的小组被分到了新润社区"儿童之家"。新润社区是2008年"汶川特大地震"后新建的社区，社区里的青壮年长年外出务工，留守的大多是老人和小孩。在了解社区的基本情况后，我意识到我的暑期实践可能会有不少不确定性，不久之后的作业辅导工作印证了我的这一想法。

我们组共有 8 位老师，分别负责语文、数学、英语、书法等学科辅导，以及心理健康的辅导工作。我主要负责数学的答疑工作，此外还要运用在专业学习中学到的健康知识，对孩子们进行卫生健康科普。

新润社区"儿童之家"的十几位留守儿童主要是小学生，初中生只有两名，分别是初三的海梦同学和瑞希同学。为了活跃气氛，拉近彼此的关系，海梦同学和瑞希同学为大家准备了小节目——古诗词朗诵和英语美文朗诵。在朗诵结束后，负责英语学科的小梅老师开启了今天的"英语时间"。她先是在评价词中大量运用小学生需要掌握的单词及语法，帮助孩子们复习所学知识。之后，她便对小朋友们进行单词及语法的抽问，答对的小朋友能够获得一支棒棒糖的奖励。随着课堂活动持续进行，课堂氛围渐渐活跃起来，几位刚开始不好意思进行自我介绍的小朋友也慢慢融入其中，积极回答问题。

课间休息时，有几位小女生对我所学的护理专业产生了浓厚兴趣，她们对这个培养"白衣天使"的专业十分好奇，强烈要求我为她们答疑解惑。于是，我简短地介绍了护理专业的几门专业课程，并鼓励她们好好学习，争取以后为国家为社会做出贡献。

我的答疑刚结束，负责辅导数学的钟老师就开始了她的数学课程。她的讲解耐心细致、深入浅出，让孩子们收获很大。

接下来便轮到我上场了。我的任务是向孩子们做健康知识科普。两年的护理专业学习，已使我对健康常识有了比较深刻的理解。加上事先充分的准备，我镇定自若地介绍了常用的药品以及护理学常识。之后是问答环节，虽然孩子们的一些问题是我未曾预料到的，但我经过短暂的思考和语言组织后，仍然做出了比较清晰的讲解。

在我之后是心理教师对孩子们进行暑期心理辅导，她用做游戏等小朋友喜欢的方式抚慰了孩子们远离父母的痛苦。

在之后的几天里，志愿者们继续对孩子们进行各学科的辅导，还开展了英语口语练习、书法美术创作、法治安全教育等活动。

三、实践感悟

留守儿童问题在中国存在已久，这并不是中国所特有的现象，很多发展中国家都有留守儿童问题。而大量的儿童被留在农村等经济欠发达地区是有多种原因的，例如：农村人口增长，人均土地越来越少，生活压力越来越大；城乡经济发展不均衡，迫于经济压力，农村青壮年纷纷进城务工，由于多种原因，他们通常很难将孩子带在身边。

根据 2018 年民政部公布数据，全国农村留守儿童数量约为 697 万人，其中由（外）祖父母监护的占 96%，由其他亲戚朋友监护的占 4%。这些孩子的成长和安全尤为令人担忧。有研究表明，缺乏正确价值观、是非观和家庭观念的青少年，极容易走上自伤或者伤人的歧途。而家庭教育功能缺失正是导致青少年上述观念出现偏差的主要因素，而学校教育功能不完善是次要因素。

在中国经济腾飞的当下，我希望像"家校协同 1+N 教育实践与探究"这样的活动更多一些，而且不仅仅在暑期开展。另外，全社会应该给予留守儿童更多关爱，让更多人以志愿者和捐助者的身份参与到关爱留守儿童的事业中来。

【教师点评】

情系弱势群体，关爱留守儿童。留守儿童的教育问题已成为当今中国社会的一个普遍性社会问题，对留守儿童的关注关乎社会公平正义。首先，从选题角度看，该实践报告聚焦社会热点难点问题，具有鲜明的问题导向，突出的实践意义。其次，从内容角度看，该实践报告较详细地展现了实践的过程，融入了实践者的真情实感。但同时，该报告也存在重过程描述轻理论分析的问题，在理论指导实践方面有待加强。

（江海粼）

青春当奋斗，实践增才干

——赴筠连县大雪山镇社会实践报告

2019级基础医学19班　邓海燕

"青年和祖国的关系，从不是单纯地被裹挟在时代大潮里的一颗石子，而是历史的参与者、奉献者、铸造者。"在这个炎热的暑假，为了增强自身综合能力，开阔眼界，我参加了学校组建的赴宜宾市筠连县大雪山镇"三下乡"社会实践队伍。

一、实践目的

（1）了解国情和民情，增强社会责任感和使命感。大学生"三下乡"社会实践的首要目的，即通过丰富多彩的社会实践活动引导青年大学生深入社会，到基层去、到群众中去、到改革和建设的第一线去、到条件艰苦的环境中去，让大学生在实践的大课堂中了解社会，正确认识国情，培育自觉为人民服务的责任意识，明确自身所肩负的历史使命，牢固树立未来主人翁的责任感和使命感。

（2）服务农村，增强农村群众的卫生健康意识。"卫生下乡"是"三下乡"的主要内容之一。作为医学专业大学生，我们可以在"三下乡"社会实践中通过义诊、讲座等多种形式，提高广大农村群众的卫生健康意识，并在力所能及的范围内为农村留守儿童、老人提供健康检查。

（3）学习红色历史，了解苗族文化。筠连县是省级革命老区，拥有丰富的红色文化资源。学习红色历史，传承红色基因，是本次社会实践的重要目的之一。同时，此次社会实践的目的地之一团林苗族乡为苗族聚居地，有丰富灿烂的苗族文化。在此次社会实践中，我们可以通过走访调研等多种方式，了解苗族文化，促进汉族文化与苗族文化的交流。

（4）磨炼意志，促进自身综合素质的提高。大学生"三下乡"社会实践需要大学生到改革和建设的第一线去，到条件艰苦的环境中去，因此，我们会面对很多困难和突发情况，这有助于我们磨炼意志、锻炼能力，以便未来更好地服务社会。

二、实践内容

此次"三下乡"社会实践活动为期七天，我们队伍主要围绕以下三个方面开展活动。

1. 社会调查

（1）筠连县团林苗族乡大唢呐文化的保护与传承调查研究。

（2）重走长征路，弘扬红色文化——筠连县红色文化资源调查。

（3）筠连县群众对新冠疫苗的认知与接种意愿调查。

2. 社会服务和文化活动

（1）以"关爱儿童成长，普及健康知识"为主题，组织儿童完成绘画活动，并通过多种形式向他们普及急救医疗知识。

（2）以"青春同心，永跟党行"为主题，举行文艺会演。

（3）前往敬老院看望老人，关爱老人身心健康，并提供常规体检服务。

（4）举行义诊活动，帮助老人筛查高血压、高血糖等疾病，宣讲老年人易患病、老年护理方法、常用急救方法等医疗知识。

三、实践经历

在筠连县大雪山镇开展社会实践的这七天，每一天都在紧张与忙碌中度过，甚至有好几天都需要"加班"，这与我最初想象的"三下乡"差别很大。

第一天的问卷调查就遇到了困难。首先是天降大雨，给我们的出行带来极大不便。其次是大雪山镇的人口老龄化极其严重，我们与老年人的沟通并不顺利，不少老人表现出质疑和拒绝。面对这些困难，我一开始是有些担心甚至畏惧的。但正所谓"没有风暴的海洋是池塘"，被拒绝固然让人失落，但是因害怕被拒绝而放弃尝试才是最可悲的。在我鼓足勇气迈出第一步之后，一切困难便不再那样可怕。一天走访下来，除了小腿酸胀无力，嗓子也格外疼，但是我明白：青年需要历练，大学生需要了解社会，我需要更多磨炼。

第二天一大早,我们来到了筠连县烈士陵园,在绵密的细雨中缅怀革命先烈。之后,我们踩着湿滑的山路来到山下,听老党员讲述革命历史。在老人精神饱满的讲述中,我们深深地感受到历史的厚重。当天晚上回到住处后,我们来不及放松,便紧锣密鼓地为次日拜访敬老院准备节目。

第三天,我们来到了敬老院。队员们精彩的文艺表演给老人们带来了欢乐。一阵欢歌笑语之后,安全知识宣讲、健康检查……一切都有条不紊地开展着。

第四天,我们来到小学,带领孩子们绘画,并向他们讲解急救知识。看到一双双好奇的眼睛、一张张绽放的笑脸,感受到他们对未来充满了希望,我内心的成就感实在难以用语言形容。

第五天,我们在当地医院的帮助下完成了义诊。这次义诊主要是为老年人检测血压、血糖。之后,我们在医生的带领下更深入地了解了基层医院的现状和发展趋势。

第六天,我们来到苗族聚居地——团林苗族乡,在负责人的带领下,聆听苗族的起源故事,欣赏苗族歌曲,触摸苗族服饰,一个鲜活灿烂的苗族文化形象在我们眼前树立。中华民族是一个百花齐放的大家庭,每朵花都有自己独一无二的光彩,各族文化共同发展,携手并进。

最后一天,我们参观了红茶基地。小啜一口红茶,满口回甘,唇齿留香,让人忍不住夸一句"好茶"。我们学习了筠连红茶的发展历史,了解了它的制作工艺,见证了它的辉煌,也相信它会持续高歌,为乡村振兴做出新的贡献。

四、实践感悟

"剑未佩妥,出门已是江湖。"这次"三下乡"社会实践让我有了很大改变,不仅是变黑了、变瘦了,更多的是眼界和心态发生了变化。我认为,"三下乡"最主要的目的不是让当下的我们去改变什么、影响什么,因为我们此时羽翼未丰、力量尚微。"三下乡"最主要的目的,是让社会在某种程度上改变我们,让我们走出"象牙塔"。

我们需要改变的是我们不经意的"高高在上",因为一棵树的树冠越是向往高处的太阳,它的根就越是要深入厚厚的土壤。在"三下乡"社会实践的过程中，我们主动或被动地走入社会，深入基层了解群众，我们会在潜意识中改变自己固有的不切实际的想法，这就是向下扎根。一片浮于表面的树叶看不见河底的波涛汹涌。我们只有走出"象牙塔"，才会看到社会真正需要什么；我们只有亲自去看，亲自去问，亲自去触摸，才不会把注意力都放在表面。无论是在敬老院和老人交流，还是在小学和小孩子交流，我都能感受到我们未来的责任之艰巨，向上是接力，向下是传承。

青年学生对未来感到迷茫是必然的，在"三下乡"社会实践之前，我也常有疑惑：做这些事，真的是有用的吗？来到这里后，每一天的忙碌与充实打消了我的疑惑。为老人体检，教小孩子急救知识，给市民义诊，他们的每一声"谢谢"都带给我巨大的满足感和快乐。我知道，我不是因为名和利而满足，而是因为自己真的被需要而满足。我想，责任应该成为青年前进的动力源泉，不仅是对自己，对家人，更是对社会。

此外，与优秀且目标一致的同龄人相处，对我而言是学习提高的良机。在和他们的相处中，我更能发现自己有哪些不足。在"三下乡"社会实践的七天里，我学会了很多生活常识和专业技能，更幸运的是结识了很多志同道合的朋友。

有人曾说过：一个毕业生是不是人才，一看学历，二看社会实践经验。因为光有理论知识是远远不够的，没有一点社会实践能力，就无法与快速发展的社会接轨。"三下乡"社会实践，使我认清了自己所处的位置，明确了肩上的使命，更进一步激发了我学习的热情。

要努力让自己发光，美好的未来才会迎着光而来。青年学生现在走的每一步，都藏着中国未来的样子！

【教师点评】

在实践中感悟新时代，在奋进中担当新使命。将个人实践与国家发展大势相结合，重"感"突"悟"，是该实践报告的亮点。在开展问卷调查遇到困难甚至有些许畏惧时，发出了"没有风暴的海洋是池塘""青春需要历练"的呐喊；在思考"三下乡"社会实践的意义时，发出了"走出'象牙塔'，看社会真正所需""未来责任艰巨，向上是接力，向下是传承"的感悟。这些所行所思，都展现了当代大学生的青春风采。

（江海粼）

彝海红霞映丹心，社会实践促成长

2019级口腔1班　毛雨澄

"请党放心，强国有我！"喊着激昂的口号，川北医学院春杏"三下乡"社会实践团队满怀豪情，朝着实践目的地——凉山州冕宁县出发了。从彝海结盟到脱贫攻坚，冕宁承载着无数历史荣光和红色记忆，镌刻着一代代先驱奋斗的英姿。

值此建党百年之际，我积极响应国家号召，与川北医学院志同道合的伙伴们组建了"三下乡"团队，并担任分队队长。我们将扎根红色热土，传承革命精神，创新思政教育，并立足医学生专业特点，面向当地居民开展急救知识普及等多项活动，展现新时代大学生的良好精神风貌。

一、重温红色记忆，感悟历史伟力

第一站，我们来到了冕宁县红军长征纪念馆，在这里回顾红色历史，重温革命先烈们的峥嵘岁月。馆内至今仍保留着当年毛主席接见彝族代表和地下党员代表的厅堂布局，共计陈列文献、文物、图片近200件。其中，一份红军进入冕宁后以朱德总司令的名义发布的《中国工农红军布告》吸引了我的注意。布告中首次提出了"红军万里长征"，此后，"长征"一词从冕宁传遍凉山，震动全国乃至世界。纪念馆工作人员饱含热情，耐心地为我们介绍展品背后的红色故事。队员们细心聆听，仿佛身临其境，再一次体会到红军长征的艰险。参观结束后，我带领队员重温了入团誓词，誓言铿锵，告诫着我们始终要初心如磐，使命在肩！

纪念馆外，红军广场人声鼎沸，身穿民族服饰的当地同胞载歌载舞，其乐融融。广场舞和民族舞的音乐交织在一起，队员们也融入其中，一同体验彝族文化，感受党带领人民群众创造的和谐、安定、富足的生活。

二、追忆彝海结盟，传承红色基因

沐浴着明媚的阳光，团队来到位于彝海镇的彝海结盟纪念馆。当年主持彝海结盟仪式的是"红色毕摩"沙马尔各，如今他的孙子沙马依姑是纪念馆的负责人。首先，团队中的彝族队员代表团队向沙马依姑爷爷表达了诚挚的问候和祝福。随后，在沙马依姑爷爷的带领下，全体队员一边参观纪念馆内陈列的文物，一边聆听他巨细无遗地讲述文物背后的传奇。

彝海结盟发生在红军长征时期。由于第五次反"围剿"失败，红军被迫长征，闯过重重封锁，历经湘江血战后，红军损失惨重，由出发时的八万多人锐减到三万多人。四渡赤水和遵义会议后，为了摆脱国民党数十万军队的围追堵截，红军先遣队司令刘伯承决定从彝族地区借道通过，以争取在最短的时间内摆脱追兵。然而，由于历史上彝族同胞曾受汉族统治者欺压，再加上国民党对共产党及红军的妖魔化宣传，借道彝区并非易事。于是，红军战士坚决执行党的民族平等政策，绝不向不明真相的彝族同胞开枪。与此同时，刘伯承与彝族果基家族首领小叶丹取得联系，向他宣传讲解了共产党和红军的来历、主张、目标，以及借道北上打击日本侵略者的战略意图。小叶丹被共产党和红军的政治纲领和宏远目标所折服，答应借道给红军，并在彝海边同刘伯承义结金兰，接受红军改编，成立了中国工农红军彝族支队。此后，小叶丹为使红军顺利通过彝区，主动与彝区的各部联系借道，帮助红军以最快速度赶到了安顺场，为强渡大渡河争取了宝贵时间，进而在千钧一发的生死关头跳出了国民党军的包围圈。

作为我国历史悠久和底蕴深厚的民族之一，彝族同胞聚居住于群峰耸立、气势磅礴的康藏高原和云贵高原的东南部边缘地带。数千年来，彝族一直活跃在我国军事、政治、经济等各个领域，为建设我们伟大新中国、维护祖国统一做出了巨大的贡献。在参观完彝海结盟纪念馆后，我们又在沙马依姑爷爷的带领下领略了彝海的美丽风光。波光粼粼的湖面上间或泛起晶莹的涟漪，水天一色，叫人流连忘返。石碑巍峨耸立，其上镌刻着"彝海"两个大字。湖中成群的天鹅黑白相间，与许多陶醉于彝海之美的生灵一起，守护着这一方见证了革命烽火的红色热土。纵然酷暑已至，但四周环绕的青山绿树，为彝海送来阵阵清凉，也将彝海结盟的故事吹进我关于这个夏天最美好的回忆。

三、寻访党员代表，汲取榜样力量

告别彝海结盟圣地，我们顺利抵达长新村，来拜访当地的两位老党员。据了解，这两位老党员都曾在祖国前线冲锋陷阵，一位是王显义爷爷，另一位是周江爷爷。

走进王显义爷爷的家，首先映入眼帘的是几间旧房。鸡鸭喧闹的院子里，王爷爷正佝偻着身子在一旁劈柴烧火。尽管功勋卓著，王爷爷仍过着艰苦朴素的生活。但看到我们来了，他便热情地张罗着，说一定要让我们饱餐一顿。我们帮助王爷爷打扫卫生后，便开始了采访。王爷爷很激动地回忆着往昔岁月，述说起一代代革命先烈如何在党的带领下抗击外敌、建设祖国。他还向我们展示了一沓泛黄的相片和珍藏的勋章。王爷爷在采访中深情地谈道："我加入中国共产党已经 50 年了，我们那个时代条件特别艰苦，吃不饱穿不暖，也没什么文化，但是我坚信一个道理——只有共产党才能救中国，这就是我入党的初心！"

在拜访完王显义爷爷后，我们来到了周江爷爷的家。他满怀激情地细数起在部队"跟党走"的日子，还叫来了小孙女和我们一起学习。周爷爷坚定地说道："要永远跟党走，全心全意为人民服务。你们作为未来的接班人，一定要努力学习，争取做社会优秀的人才，为国家做贡献！"

如今，两位老人虽已不在建设祖国的第一线，但身为老党员，他们仍在家乡发挥着余热，以自身经历教育新时代青年一心向党、为国为民。作为入党积极分子，我深受触动，深刻体悟到老一辈党员的坚定意志与党性修养，这更加坚定了我入党的决心。我要在努力学习专业知识的同时，积极投身祖国建设，将小我融入大我，将青春献给祖国！

四、普及急救知识，宣讲资助政策

充分发挥实践团队在急救方面的专业性，为冕宁县居民普及急救知识和操作技能，助力当地医疗卫生事业发展，是本次"三下乡"社会实践的重要内容之一。

团队的核心成员均来自川北医学院"春杏果果创伤急救文化工作室"，且都已通过救护员考核，持有急救证。因此，我们设计了一份"急救手册"，在活动中向冕宁群众发放了三百余册。

我们先后在冕宁县中心敬老院、泸沽镇环卫局、冕宁中学开展了多次急救培训，讲解心肺复苏、创伤包扎、烧伤处理等知识和技能。每一批参训学员都热情十足，认真学习。经过我们的细心培训，大部分学员都掌握了实操要领。

此外，作为已经步入大学的学长学姐，我们还为一批高三学子做了心理辅导，鼓励他们通过自己的努力，来年考上心仪的院校。同时，为进一步贯彻落实党和国家的要求，我们向同学们宣讲了国家资助政策，让每位同学都不要因为担心家庭经济负担过重而错过大学学习机会，宣讲效果令人满意。

五、助力疫苗接种，开展乡村义诊

此次"三下乡"社会实践期间，疫情形势依然严峻复杂，接种疫苗的工作刻不容缓。为响应国家及当地卫生院号召，队员们加入了新冠疫苗接种志愿者队伍，兵分两路到高阳街道、妇幼保健卫生中心，协助医护人员向居民宣传接种疫苗的重要性，并填写受种者信息，确保疫苗接种工作的顺利推进。

随后，我们返回长新村，亲身感受这个曾经的贫困村在脱贫攻坚战中的巨变。此外，我们还向该村图书馆捐赠了不少书籍。接下来的几天里，我们在长新村开展了支教与义诊活动，为小朋友们送去丰富的医学知识和礼物。我队指导老师余老师开设了英语学习分享课，他风趣幽默，小朋友们学习热情高涨。我和队员们采取手绘的方式，为同学们生动形象地讲解了包括"七步洗手法"在内的健康卫生知识。在自由折纸、绘画环节，部分小朋友还特地将自己的作品送给我们。这些珍贵的礼物，如今被保存在我校双创中心的"春杏工作室"。

在本次"三下乡"社会实践中，我们还调查了当地居民对急救知识和医保政策的了解情况，并顺利完成调研报告。我发现，当地居民普遍对急救知识不了解，缺乏专业的技能培训。同时，这里的公共场所缺少AED，急救工作未得到应有的重视。而对于医保政策，仍有不少居民不够了解，还需当地政府加大医保政策的宣传力度。

六、实践感悟

作为一个土生土长的江苏人，这是我第一次来到四川大凉山。在这里看到的、听到的、感受到的一切，无不深深地烙印在我心底。

一路走来，我毫不后悔自己的选择和付出，坚信努力终将获得回报。在我看来，这次社会实践带给我的最大回报就是拓宽了视野、结识了挚友、提升了自我。作为一名入党积极分子，我将继续体悟党性修养，筑牢信仰之基，以更饱满的热情为祖国的繁荣发展做贡献！

【教师点评】

该实践报告既客观地展现了实践的全过程，也细腻地表达了实践者的思想情感。"红色"＋"社会实践"的有效融合，体现了实践者作为新时代大学生良好的精神风貌。"医学"＋"社会实践"的紧密结合，助力当地医疗卫生事业的进步，展示了实践者以专业服务社会的担当精神。实践报告内容翔实，集情感教育和专业教育于一体，显示实践者达到了社会实践的预期目标。

（李美娟）

传承红色基因，赓续红色血脉

2019级临床22班 郑 越

2021年7月16日，共青团川北医学院委员会赴遵义党史理论宣讲队正式踏上了前往遵义的征程。我有幸成为队伍中的一员，与其他优秀学生代表一起，在遵义开展了为期七天的"三下乡"社会实践活动。

一、实践经历

（一）瞻仰革命遗址，传承红色基因

一踏入遵义，队员们就立刻感受到浓厚的红色文化氛围。2021年恰逢中国共产党成立一百周年，望着满街的国旗和党旗，我们的内心都涌动着难以抑制的爱国热情，渴望在这片红色热土上展开一场与历史的对话、与先烈的交流。

我们的第一站是娄山关。娄山关亦称"太平关"，位于汇川区与桐梓县交界处，是川黔交通要道上的重要关口。它是大娄山脉的主峰，海拔1576米，北拒巴蜀，南扼黔桂，为黔北咽喉，兵家必争之地，素有"一夫当关，万夫莫开"之说。毛主席的《忆秦娥·娄山关》描写的便是红军在娄山关英勇鏖战的壮烈情景。1935年2月25日至26日，中国工农红军第一方面军与黔军大战娄山关前，通过艰苦的战斗，歼灭黔军两个团，拉开了遵义战役的序幕。娄山关战役是红军长征以来的首次大捷，保证了遵义会议的顺利召开。因此，娄山关红军战斗遗址成为我国最重要的红色基地之一。

在这里，巨峰的苍翠与国旗的赤红形成强烈的视觉冲击力，仿佛在向我们诉说着当年激战的壮烈之景。身处层峦叠翠之中，我们亲身感受到的是祖国大好河山的壮阔，心中涌动的是对革命先辈们的无限敬佩！山间有许多小

路、吊桥和栈道，它们都是红军将士曾走过的地方，是革命先辈为了新中国的成立一步一个脚印踏出来的希望之路、未来之路！在留存至今的战壕里，伫立着一尊尊烈士雕像。他们虽然早已埋骨青山，但是他们的精神永垂不朽。在雕像前静立，厚重的历史画卷便在每一位队员的心中缓缓展开。我们不会忘记，所有中国人都不会忘记，今天的美好生活奠基于他们的生命之上。我们也期望每一位青年学子都能受到这股红色力量的鼓舞，坚定信念，踏实努力，以心中之光照亮祖国四方！

（二）关爱老人，共创和谐社会

2021年7月17日，我们来到了此次"三下乡"社会实践活动的第二站——板桥镇敬老院。在这里，我们有幸见到了一位老党员，我们都亲切地称呼他李爷爷。李爷爷今年74岁，已有54年党龄，今年还获颁"光荣在党50年"纪念章！李爷爷曾参加过抗美援朝战争。在会议室里，他动情地讲述了当年在朝鲜战场上的经历，抒发了心中对党和国家的热爱。他也寄予我们殷切嘱托，鼓励大家好好学习，艰苦奋斗，心怀国家与人民，为中华民族的伟大复兴奋斗终生！

随后，队员们分头行动，给敬老院的老人们送去夏日防中暑药品和新鲜水果，向他们致以亲切问候，陪他们聊天，和他们一起唱歌。令人印象深刻的是，一位老爷爷尤其爱唱红歌，《没有共产党就没有新中国》《团结就是力量》《东方红》……一首接一首，唱出了对党和国家的深情。

（三）科研调查，助力医疗卫生事业发展

2021年7月19日，我们在板桥镇开展了大规模的科研调查，旨在了解当地居民对当地医疗条件及近年来医疗环境变化的满意度，进而更深入地了解社会，提高自身服务社会的能力。

全体队员分组行动，带着纸质问卷和线上调查表，采访当地各个行业、各个单位、各个年龄段的居民。这是一项特别耗费时间和精力的任务，但我们克服了人生地不熟、语言不通等重重困难，完美地完成了科研调查任务。在此次"三下乡"社会实践结束前，我们完成了数据统计和分析，得出以下一些重要结论。

（1）参与问卷调查的居民中，45~69岁居民占比最高，18岁及以下居

民占比最低。由此可见，板桥镇人口老龄化较为严重。

（2）当地有定期体检习惯的居民较少。定期体检有助于及早发现一些疾病，而对人体危害严重的癌症、肝炎等疾病越早被发现，被治愈和控制的概率越大。因此，建议当地政府及医疗机构加强对疾病预防的宣传，加大义诊体检活动力度，并鼓励居民定期体检。

（3）当地不少居民认为医疗费用过高，同时对医疗环境、就医效率、就医效果表示不满意。因此，建议当地政府及医疗机构在医疗费用方面对患者做耐心解释，使收费更透明，并减少不必要的检查。同时，要进一步提高医务工作者的医德医风和医术，改善当地医院的就医环境和门诊就诊方式，提高当地居民的就医效率。

（4）受访者中医保的使用比例只有 64.21%，反映出当地居民对医保新规的了解不足。因此，建议当地政府和医疗机构加大对医疗保障体系的宣传力度，让更多居民关注医保政策。

（5）受经济发展状况、地形及人口分布等客观因素影响，当地的医疗资源分布并不均衡，部分地方存在看病难、就医环境差、政府投入不足等问题。因此，建议当地政府和医疗机构将医疗资源向这些地方倾斜，明确卫生机构职能，提高当地居民的满意度和幸福感。

通过这次调研，我们对基层医疗事业的发展有了更多认识。医疗行业的发展关乎每一个人的福祉。作为医学生，我们更有责任和义务做到心中有大爱，踏实学好医学知识，主动为民服务。

（四）参观遵义会议会址，传承遵义会议精神

2021 年 7 月 20 日，全体队员来到遵义市红花岗区遵义会议会址，开展了以"遵义会议精神永存"为主题的党史学习教育。"遵义会议"被称为中国革命的转折点，为红军长征和中国革命的胜利奠定了基础，开创了中国共产党独立自主领导中国革命的先河，开启了马克思主义中国化的新征程。遵义会议精神是我们党夺取胜利的传家宝，是历史留给中国共产党和中国人民的宝贵精神财富。作为青年学子，我们应该将遵义会议精神发扬光大，让它在实现中华民族伟大复兴的新征程中发挥更大作用。

二、实践感悟

遵义之行，收获颇丰。对历史的更进一步了解让我更加坚信，只有坚持

中国共产党的领导，坚持马克思主义指导地位，坚持为人民服务的宗旨，才能实现中华民族伟大复兴。在学校的思政课上，老师曾说过，历史伟人的成长是时代与人民的选择，也是其自己的选择。健康所系，性命相托，身为一名医学生：

我选择，踏踏实实学好医学知识；

我选择，为祖国医疗事业发展奉献自己的力量；

我选择，在祖国和人民需要我的时候，毫不犹豫地站在他们前方；

我选择，用自己的知识力量去守护亲爱的祖国和人民。

【教师点评】

该实践报告语言凝练、行文规范。实践者详细记录了实践的每一过程，能做到仔细观察、切身体验、客观阐释。实践内容丰富，既有红色基地的浸润式体验，也有对老党员的关怀和学习，还有对当地医疗卫生政策、条件的深入调查和分析。在此过程中，实践者既受到了精神上的洗礼，也进一步了解了国家的医疗政策。但是，实践感悟部分比较简短，略显单薄，从而导致实践报告在行文结构上有失均衡，有头重脚轻之感，在一定程度上影响了报告的结构立体感和流畅性。

（李美娟）

岁月蹁跹，不负勇往

基础医学院"夏车伊始"党史学习实践团

"不期而遇"是个十分美好的词——相遇若早，便是青春。在这朝气蓬勃的青葱岁月，在这流年似水的青春韶华，曾有这样一群人，他们明媚似阳光，相知相伴共成长。

青春是什么？

是未来可期，是前途光明。

青春是萤火绚丽的流动星河，转瞬即逝却灿烂如歌。

青春是无问西东的全力以赴，血脉偾张且不畏险阻。

岁月因青春慨然以赴而更加美好，世间因少年挺身向前而更加瑰丽。

青春是那么美好，我们在这段不可复制的旅途当中，拥有了独一无二的记忆。

"晓星正寥落，晨光复泱莽。"我们响应习近平总书记"践行初心，担当使命"的号召，在"三下乡"社会实践中传承红色基因，磨砺青春底色，绽放理想之花。

2021年，川北医学院基础医学院"夏车伊始"党史学习实践团奔赴雅安宝兴。在这里，青春之光闪耀在各个角落：重走长征路、党史学习、问卷调查、健康义诊、文艺会演……

党史学习实践团的二十七名队员相聚在一起，为走好新时代长征路，建设中国特色社会主义新农村，增强宝兴县居民卫生健康意识，贡献着青春力量。

"风会记得来时的痕迹，答案交由时间去寻觅。"一周的"三下乡"之旅转瞬即逝，犹记得斑驳的光影中，你向我走来，一身晴朗，我们就那样，肆意沉醉在夏日的阳光里。

用相机将这些美好瞬间定格，镜头下的我们，是最好的我们、无可替代的我们。"很高兴认识你"这句话，想要大声对你说。

好幸运，这年夏天，我们曾陪伴彼此盛放。

"三下乡"虽已经结束，但来日方长，我们总有相逢的时候。

生有热烈，藏于俗常，不虚此行，不枉遇见。

【教师点评】

该实践报告语言优美，如抒情散文，引人入胜，可以看出作者有着较为深厚的文学功底，并且对此次社会实践用心用情，深有感悟。这篇实践报告虽然没有像一般报告那样写出具体的实践经过，却能引导读者从字里行间感受作者在社会实践中的心路历程，进而引起读者与作者的情感共鸣。最后，作者用寥寥数语对此次社会实践作了意境上的升华，表达出了自己在这个过程中的所见所获，令人动容。

（王驰）

脱贫攻坚，小村致富密码

2019级临床医学26班　黄云秀

我的家在内江市资中县金紫铺村。作为一名大学生，我每个假期都会到村委会办公室协助村里的乡村振兴工作，今年也不例外。从当年的"小破村"到现在的"示范村"，从"穷山恶水"到"青山绿水"，"青山挂金果，绿水跃银鱼"，家乡的巨变不是一蹴而就的。在这个暑期，我在村团支部书记的引导下，进一步了解了我们村的脱贫之路，总结了这个川南小村的致富密码。

我们村是典型的川南丘陵地貌，人口众多，土地贫瘠。2014年，村里建档立卡贫困户达230户675人，被确定为省级贫困村。而如今，村里依托国家农业科技园区核心区优势和标准化种植技术，已发展出标准化血橙种植1000余亩、现代水产养殖500余亩，引进农业新型经营主体十余家，累计流转土地2000余亩，带动165户农户就业。2019年，全村人均可支配收入达到16500元，村集体经济收入达14万余元。便民马路修到家，小洋楼盖起来了，日子也好起来了，而这些成就，离不开党的领导和金紫铺村所有人思维的改变和积极的探索。

一、要想富，先修路

"晴天一身灰，雨天一身泥"曾是村里公路的真实写照。在我的记忆中，村里全是坑坑洼洼的泥泞小路，下雨天总让人狼狈不堪。而在2015年，在精准扶贫工作的支持下，村里开始建设公路。从泥土路到建成8.98千米水泥路网、17.25千米便民路网，再到修建柏油路，乡村公路的建设不仅让村民的生活更加便捷，更为后来发展水产养殖、果树种植及乡村旅游奠定了基础。继公路建设之后，村里的自来水供水以及网络覆盖工作，进一步完善了各项基础生活设施。同时，村里修建了20余座蓄水池，有效避免了旱季对农业的危害。凭借对基础设施的完善、巩固行动，我们打赢了脱贫的第一场战斗。

二、抓牢自身优势，发展特色产业

坚持党的领导这一根本原则，资中县委把支部建到产业上，指导金紫铺村联合周边村发展县域特色血橙产业。血橙产业充分利用了当地有利资源，使农民得到了支持和保障，更敢放手去做。在2020年，金紫铺村血橙产业集体经济收益就已突破20万元。但在此时，村里并没有片面发展，而是积极响应国家的号召，丰富产业结构，走可持续发展道路，引进鱼田产业，着力从特种水产产业等方面入手，抓好利益联结机制，以"支部＋公司＋基地＋农户"等精准扶贫模式，确保产业到户，着力搭建产业支撑平台，以产业带动农村贫困群众脱贫致富，构建果鱼循环产业体系。党建引领产业发展，先富带动后富，正是在这样的政策下，全村所有贫困户完成了摘帽。

三、精准帮扶，精准脱贫

2015年，党带领人民打响了脱贫攻坚战，确保到2020年我国现行标准下农村贫困人口实现脱贫、贫困县全部摘帽、解决区域性整体贫困。根据国家的部署，村里明确目标，确定方针，落实政策，详细制订了脱贫攻坚的行动计划。国家要求以愚公移山志，咬定目标苦干实干，切实增强扶贫工作者的责任感、使命感和迫切感。在脱贫攻坚后期，面对脱贫的"硬骨头"，村里切实做到一户一策精准扶贫，以"授人以鱼不如授人以渔"的理念"断穷根"，鼓励村民创业。在保障村民固定经济收入的同时，完善"两不愁、三保障"，制订具体帮扶措施和方案，严格落实住房、教育、医疗、低保、就业等政策措施，确保贫困群众有安全住房，确保每户贫困户至少有1名劳动力就业，并积极申请保洁、道路维护等公益性岗位，优先安置大龄、残疾、家庭经济特别困难的低收入农户。同时，村里积极发展电商产业，让村民和外面的世界联系起来，让村里的产业发展道路更宽阔，例如果鱼循环产业体系就为村民就业提供了新岗位。在各种扶贫措施的共同作用下，金紫铺村的贫困发生率最终归零。

四、生活富了，精神也要富

近年来，村里不仅完成了脱贫攻坚任务，同时也在进行美丽乡村建设。结合现有产业，村里积极发展旅游事业，推出了3条特色果品休闲采摘路线，在整治环境的同时提高当地村民的生活质量和水平，做到真正的"绿水青山就是金山银山"。生态环境变好了，精神文明建设也没有落下：无论是广场舞还是坝坝电影，村里正积极丰富村民的日常生活；"儿童之家"作为留守儿童关爱场所，除平时开放给孩子们学习玩耍外，每个假期都会接收大学生志愿者前来支教或开展其他志愿服务。不仅如此，村里还建成了文化室，定期开展"农民夜校"培训。培训的内容主要是政治理论、经济发展、科技文化、技能素养四大类，为广大村民送去党的方针政策、法律法规、实用技术以及家风家教、日常生活知识等内容，此外还有帮助村民创业的一对一培训。村民间开展技术交流和讨论已成为一种常态，文化氛围也因村里文化设施的改善而更加浓厚。另外，村里还修建了篮球场、乒乓球台等设施，供村民进行体育活动，娱乐身心。

作为金紫铺村的一员，我深深感受到村里的巨变：基础设施日益完善，扶贫政策精准到位，各项产业繁荣发展，村风村貌焕然一新，村民的生活也迎来了新的春天。作为一名新时代大学生，我也深刻认识到：一个金紫铺村达成的成就，不过是中国全面脱贫和乡村振兴道路上的一个微小又普通的缩影。是党的坚强领导，是扶贫干部们"精准扶贫"的艰辛努力，是全体人民的积极行动，让我们打赢了这场脱贫攻坚战。脱贫摘帽不是终点，而是新生活、新奋斗的起点，要实现全体人民共同富裕，实现中华民族伟大复兴，我们仍需不懈努力。

【教师点评】

该实践报告行文规范，语言朴实，论述翔实，充分反映出作者的用心用情。报告首先交代了作者家乡的概况，然后通过描述近年来家乡在交通、产业、精神生活等方面的巨大变化，高度赞扬了党和政府领导下的脱贫攻坚的巨大成就，并对未来实现共同富裕充满信心。这种报告撰写方式具有较强的逻辑性。但是，这份报告也存在不足，主要体现为报告内容侧重对事实的描述，理论阐述相对薄弱，有待加强。

（王驰）

第二篇
医院见习

疫苗接种志愿行，医院见习长才干

2019级护理13班　曹　欣

"知之愈明，则行之愈笃；行之愈笃，则知之益明。"社会实践是大学生的一门必修课，有助于我们深入基层、开阔视野、增长见识，在检验自己专业知识掌握情况的同时，学习社会调查的方法，提升适应社会的能力，增强对生活的热爱、对社会的关注。而作为党和国家事业的后继力量，大学生只有坚持全面发展，坚持专业学习与社会实践相结合，才能更好地投身今后的工作，投身祖国的建设。利用这个暑假，我在阿坝藏族羌族自治州茂县人民医院进行了为期两周的社会实践，在丰富自身理论知识的同时，积累了很多实践经验，获益匪浅。

我此次的社会实践内容主要包括两部分：一是作为志愿者，为居民提供新冠疫苗接种服务；二是作为见习生，在医院护士曹老师的带领下参加护理辅助工作。

为进一步巩固疫情防控成果，落实疫情防控政策，提高疫苗接种率，确保新冠疫苗接种工作高效、有序地开展，茂县人民医院以"我为群众办实事"实践活动为切入点，在县体育馆内设立了疫苗接种点，并组织志愿者协助医务人员，共同确保新冠疫苗接种工作顺利推进。

在疫苗接种现场，我与其他志愿者分工合作，协助医护人员向居民讲解疫苗接种相关知识，为孕妇、老年人提供力所能及的帮助，尽可能地防止意外发生，并引导个别居民注册健康码、登记个人信息，从而提高现场疫苗接种的效率。虽然我能做的工作很有限，而且多是简单重复的工作，但每一天都很充实。在此期间，我深刻感受到抗疫的不易，也亲身体会到中国特色社会主义制度的显著优势和大国担当。

习近平总书记指出："在这场同严重疫情的殊死较量中，中国人民和中华民族以敢于斗争、敢于胜利的大无畏气概，铸就了生命至上、举国同心、舍生忘死、尊重科学、命运与共的伟大抗疫精神。"面对疫情，以习近平同志为核心的党中央统筹全局、果断决策，坚持以人为本，把人民生命安全和身体健康放在第一位。党和人民齐心协力，守人民安危，护山河无恙，向世界充分展现了中华民族的精神风貌。中国以大国风范、大国情怀，彰显大国担当，为世界抗疫提供了中国方案，贡献了中国力量，生动诠释了为世界谋大同、推动构建人类命运共同体的大国担当。我为自己是一名中国人而自豪，为拥有这样的党和政府而骄傲。作为一名医学生，我深知肩负重任，唯有努力学习专业知识，强化自身科学素养，才能在祖国需要的时候挺身而出，贡献自己的一分力量。

完成志愿者工作后，我在曹老师的带领下进行了为期一周的护理见习工作。因为尚处在学习阶段，我只能负责量体温、测血压等基础操作，更多的时候是在观摩学习。曹老师耐心地告诉我学校教学与临床实践的区别，教会我如何将理论与实践相结合，更高效地利用工作时间。而最重要的，也是在大学课堂中很难体会的，便是如何与病人交流。

我所在的血管内科所接触的大多是老年病人，而照顾老年病人需要更多的耐心。他们大多未受过高等教育，不清楚自己的疾病状况，有的甚至身患多种疾病。与他们交流时，如果声音过小，他们可能会听不清；如果声音过大，他们可能会觉得医护人员态度不好。因此，我们需要以通俗易懂的方式向他们解释专业术语，帮助他们理解自身病情，同时给予他们更多关心和照顾——这些都是我在学校无法切身体会的。作为医学生，我们在今后的工作中会遇见形形色色的病人及家属，除做好本职工作外，我们还应积极探索与病人及家属的相处之道，学会把握医患关系的"度"，以期患者能更好地配合我们的工作，进而利于其恢复健康。

也正是通过这次见习，我意识到当前我国社会发展面临的一个巨大挑战：人口老龄化程度不断加深，"空巢"问题突出。在查阅资料后，我发现我国"空巢老人"增多的原因错综复杂：一方面，老龄化是21世纪人口发展的基本趋势，子女生活压力过大已成为难以回避的社会现实；另一方面，随着经济社会的发展，我国家庭结构出现向"一代户"模式转变的趋势，家庭养老功能逐渐弱化，造成我国"空巢老人"群体规模持续扩大。

研究发现，孤独和寂寞已成为"空巢老人"最普遍的心理状态，长此以往，将诱发老年性抑郁症、行为能力衰退、记忆力和判断力下降等诸多老年性心理疾病。就我在见习期间接触到的"空巢老人"而言，他们常常缺乏家人的陪伴，加之疾病缠身，在陌生的医院环境里更容易感受到孤独。曹老师告诉我，"空巢老人"对于精神关怀的渴望极其强烈，曾有老年独居病人因为与同病房的病友相处愉快，病愈后仍不愿出院，以此逃避回家。在当前社会背景下，不少子女生活压力大，在处理好赡养老人和努力工作的平衡方面力不从心。正所谓"树欲静而风不止，子欲养而亲不待"，中华民族"百善孝为先"的传统美德应该得到弘扬，"空巢养老"的难题也应该得到社会各界的广泛关注。

这是我大学期间的最后一个暑假，明年此时我已开始临床实习。这次社会实践，使我更深入地认识了自己、了解了社会，为我今后的临床工作积累了宝贵经验。在未来，我将时刻铭记医学生的光荣使命与责任，奋斗不息，精进不息，发掘砥砺前行的"原动力"，努力成为一名优秀的医务工作者。

【教师点评】

医者，仁心也！扎实的医学专业知识和一颗仁爱之心是做好医务工作的关键。该实践报告较好地展现了实践者通过医院见习锻炼自我、增长才干的实践经历，也较好地展现了新时代青年大学生积极向上的精神风貌。从疫情防控中，实践者看到中国的比较优势，发出了"为自己是一名中国人而自豪，为拥有这样的党和政府而骄傲"的心声。在医院见习中，实践者带着强烈的问题意识，在实践中发现当前社会的"空巢老人"问题，并深刻感受到医务工作中倾注医学人文关怀的重要性。这些感悟，都将为实践者今后投身"健康中国"建设和全面建设社会主义现代化国家提供不竭动力。

（江海粼）

重庆市江津区第二人民医院见习报告

2019 级临床医学 15 班　谢思琪

一、见习目的

第一，深入了解社会，增强社会责任感，培养吃苦耐劳、甘为医疗事业奉献的精神。

第二，熟悉医务工作的流程和制度，提升医务工作的基本技能，学会高质量、高效率工作。

第三，学会理论联系实际，将所学基本理论、知识和技能应用到具体的医疗工作中。

二、见习时间

2021 年 7 月 19 日—8 月 13 日。

三、见习医院

重庆市江津区第二人民医院，又称重庆市江津区肿瘤医院，位于重庆江津区中兴路 62 号，是一所集医疗、急救、预防、保健、教学、科研为一体的国家二级甲等综合性医院。该院现有职工 431 人，开放床位 600 张，拥有核磁共振仪、螺旋 CT（计算机体层成像）、CR（计算机 X 射线摄影）、GE 四维彩超、全数字化胃肠机（血管造影）、DR（数字 X 射线摄影）等一系列医疗设备。

四、见习内容

来到医院后，我首先接受了为期两天的入院培训。在培训课上，授课老师简明扼要地讲解了病历书写、心肺复苏、AED 使用等工作的方法和要领，并着重强调了医生的职业精神以及职业道德。熊部长还为我们讲解了 18 项医疗核心制度，包括：首诊负责制、三级医生查房制度、疑难病例讨论制度、会诊制度、危重患者抢救制度、手术分级管理制度、术前讨论制度、死亡病例讨论制度、查对制度、医师交接班制度、新技术准入制度、手术准入及权限管理制度、临床输血审查制度、医患沟通制度、病历书写基本规范及病案管理制度、抗菌药物分级管理制度、手术安全核查制度、信息管理制度。

2021 年 7 月 21 日，我的见习之旅正式开始。我被安排到内一科（包括呼吸内科、神经内科和内分泌科），带教老师是廖老师。尽管我才刚学完大二的课程，还没有学习诊断学和内科学，但廖老师仍然耐心教导我如何查体，并引导我从书本中寻找答案，再将理论应用到实际中。廖老师是我临床实践生涯中的第一位老师，在我见习的三周时间里，她教会了我很多专业知识和临床技能，让我受益匪浅。

每天上午 8 点，医生和护士会聚到医生办公室，召开当天的交接班会议。主任教导我："早晨的交接班会议是每天工作的开始。开会时，站要有站姿，这是对他人的尊重，同时也是谦虚的表现。人只有学会谦虚，才能知道自己的不足，不断学习进步，才能给患者提供更好的医疗服务。"会议开始后，首先由一名值班护士汇报从昨天上午 8 点到今天上午 8 点新收进病人与住院病人的身体状况及四大生命体征情况。汇报之后，由科室的医生交流疑难杂症病人的情况以及治疗进度。交流结束后，大家各自开始新的一天的工作。

每天的工作中，我印象最深的是查房。医生每天会查房 4 至 5 次。查房不仅考验医生对专业知识以及查体技能的掌握情况，更考验医生同患者的交流技巧。我没有学过诊断学，对诊断查体只有零星的理论知识。在廖老师的讲解与指导下，我终于一步一步地掌握了头、颈、胸、腹的体格检查以及部分神经系统的检查方法。廖老师每天早上都会详细地询问病人身体的最新状况，尽最大所能为病人减轻病痛。她还会为我解释病情，并鼓励我多感受生命体征，并将视、触、叩、听应用于实践中。她告诫我：医生只有切身去察看并感受病人的身体状况，才能根据病人病情的发展，准确地使用更为合适的药物，从而取得良好的疗效。她还告诉我：问诊时要引导病人讲出准确的病史资料，查体时也应做到手法轻柔，以免给病人带来身体上的不适；每查完一个病人，应及时使用酒精免洗洗手液对手和听诊器进行简单的清洁，然后再查下一个病人，以免交叉感染。查房结束后，也应按照"五步洗手法"洗手，并用酒精喷雾对听诊器消毒——医生只有保护好自己，才能更好地为患者服务。

五、见习感悟

在去医院见习之前，我的心情是忐忑的，毕竟自己才完成大二的学业。我既担心由于自己的"孤陋寡闻"而让带教老师失望，也担心由于什么都不懂而无所事事。幸运的是，科室的老师都非常友好，且乐意为我解答问题。带教老师在了解我的学业进度后，很耐心地为我指点迷津，让我自己去学习诊断学、内科学以及神经病学中经常要用到的基础知识，以及查体诊断要点。她还一步一步地教我使用听诊器，并将书本上的视、触、叩、听应用到临床上。学习的过程带给我巨大的成就感，有机会提前上临床更让我感到无比幸运。

成为一名优秀的医生应该是每一名医学生的梦想，但只有克服了重重困难才能抵达梦想的彼岸。我在与临床医生越来越频繁的接触中，真正体会到当好医生的不易。也正是因为如此，医生这个职业才备受尊重。2020年2月，一批批白衣天使驰援武汉，扫去了武汉上空的阴霾。在疫情面前，他们逆行出征，把时间奉献给了患者，暂时舍弃了对家人的陪伴与关心。他们是撑起国家的巨人，为无数患者带来痊愈的福音。这一刻，谁不会称赞医生一句呢？但我深知，我们的医疗卫生事业还存在许多不足。因此，我希望全社会继续努力，让病人花最少的钱得到最有效的救治，让医生能得到更多的尊重与支持，所有人共同创造和谐的医患关系，实现健康中国的宏伟目标！

【教师点评】

该见习报告对整个见习过程进行了细致入微的阐释和总结，见习内容真实有画面，见习感悟真切有情怀。感悟部分能够从见习期间的所见所闻升华到医务工作者的职业情操和助力实现健康中国的宏伟目标，可圈可点。但是在阐释见习内容的时候，多为简单的过程描述，没有体现出见习者对问题较深入的思考和分析,也没有充分展现出见习者将基础理论知识与临床实践操作紧密结合的学习过程,稍显美中不足。

(李美娟)

返乡志愿行，青春勇担当

2019级医学影像学9班　徐忻怡

一、实践背景

为引导广大青年更加紧密地团结在党中央的周围，牢记"请党放心，强国有我"的铮铮誓言，督促返乡大学生关心家乡发展，激发平湖学子热爱家乡、建设家乡的朴素情怀，中共平湖市委组织部、共青团平湖市委、平湖市人力资源和社会保障局、平湖市归侨侨眷联合会共同发起2021年平湖市"青春追梦，家（海）燕归巢"暑期实践活动，旨在打造青年与城市"命运共同体"，让青年在社会实践中受教育、长才干、做贡献，以更强担当扛起推动浙江高质量发展建设共同富裕示范区的政治责任，为实现中华民族伟大复兴中国梦贡献青春力量。在此背景下，我来到平湖市第二人民医院的患者服务部，进行了为期近一个月的社会实践。

二、实践内容

在认真研读活动主办方发布的70个岗位信息后，我申报了与我所学专业和兴趣最为契合的一项，并被成功录取。

我的职责是在平湖市第二人民医院门诊大厅的自助挂号机旁引导患者挂号。由于操作步骤比较简单，我很快便熟练掌握。从上午8点到11点，我辗转于大厅内各个自助挂号机之间，向不同的病人讲解相同的操作流程。很快，即使不看屏幕，我也能准确地找到相应选项。此外，为每台机器补充打印纸，也是我的工作内容之一。

工作虽然简单，却并不轻松，一天下来，腰酸背痛是难免的。尤其要与不同的患者打交道，引导患者高效地完成挂号，并提升患者满意度，绝非想象中那般容易。

三、实践感悟

本次社会实践的内容虽然简单，却带给我难得的深入了解社会的机会，使我产生颇多感触。

1. "年轻"的机器与"年老"的病人

对于年轻人而言，自助挂号机的界面一目了然，操作也异常简便。可对于不少老年人来说，这台机器并不那么方便。他们通常需要志愿者或周围年轻人的帮助才能完成一系列看似简单的操作。尤其是在缴费环节，一些老年人会使用智能手机，可以用手机完成挂号费的支付，而那些用着"老年机"的老人则不得不放弃使用自助挂号机，转而在人工窗口前排起长长的队伍。我不禁陷入沉思：在科技迅猛发展的背景下，电子化已成为医疗服务体系发展的必然趋势，我们该采取何种有效措施，来帮助与信息时代脱节的老年群体？这或许是全社会尤其是青年一代应该深思的问题。

2. "不专业"的志愿者与"专业"的病人

在近一个月的实践中，我遇见了至少九位服务时间不固定的志愿者，他们大多只从事了不到一周的志愿者工作，因此并不了解医院的科室分布。面对患者五花八门的问题，他们常常不能为患者提供高质量的服务。在我看来，志愿者流动性大、服务持续性不强、专业素质参差不齐，是制约志愿者服务质量提升的主要因素。然而，在人流量大时，医院的正常运作始终离不开志愿者的帮助。因此，志愿者应主动提前了解医院的相关要求和规定，竭力充当医患之间的"润滑剂"。

3. "浮动"的科室与不知情的患者

目前，多数医院采取的是排班制，每天开设的诊室不尽相同，上下午的诊室也千变万化。许多患者由于未提前了解医院当日的排班信息，来到医院也无"医"可寻。因此，医院应借助公众号等线上平台及时更新排班信息。同时，志愿者也应该在线下积极发挥宣传、提醒的作用，为患者就医提供方便。

总体而言，这次社会实践让我开阔了眼界，熟悉了基层医院的运作规律，使我更能设身处地地体察病人的不易和医务工作者的艰辛。正因为如此，我也坚定了"除人类之病痛，助健康之完美"的理想信念，并将以更大的热情和决心学好医学专业知识和临床操作技能。

【教师点评】

  该报告从实践背景、实践内容、实践感悟三个方面对实践者在平湖市第二人民医院患者服务部的实践经历进行了描述。整篇报告语言规范，重点突出，尤其是感想部分运用几组富有对比性的小标题，为报告增色不少，很好地反映了作者在实践期间的真切感受和深入思考，值得点赞。但是，报告的实践内容部分略显薄弱，仅仅交代了工作内容，没有讲述实践过程中给其留下深刻印象的人或事，从而导致这篇报告在行文结构上有失平衡，在一定程度上影响了报告的立体感和可读性。

（王驰）

第三篇
社会调查

关于盐亭县农村居民对食管癌认知现状及饮食状况的调查报告

2019级临床医学10班　倪思语

有研究显示，全世界每年新发食管癌患者约50万例，一半以上发生在中国，尤其是在山区农村。2020年，中国食管癌的死亡顺位（第4位）高于发病顺位（第6位），发病率、死亡率均约为世界平均水平的2倍。四川省绵阳市盐亭县是我国食管癌高发区之一，发病率和死亡率至今仍居高不下。学会预防食管癌，做到早发现、早诊断、早治疗，是降低食管癌的发病率和死亡率的关键措施。本研究旨在通过调查盐亭县农村居民对食管癌的认知现状和饮食状况，为今后开展食管癌宣教等工作提供建议，从而提高居民生活质量，助力健康中国建设。

一、调查对象和调查方法

1. 调查对象

随机走访盐亭县富驿镇、云溪镇农村居民共300人。

2. 调查方法

（1）调查问卷：自行设计调查问卷，其内容包括一般人口学资料（性别、年龄、文化程度），对食管癌的认知情况（是否知道食管癌，是否知道当地是食管癌高发区，是否了解食管癌的诱因、主要症状、预防措施和治疗措施），饮食状况（饮水来源，是否喝茶，是否吸烟、喝酒，食用水果、泡菜、剩菜剩饭的情况），生活状况（身体健康状况，是否有高血压，饭后是否运动）等。

（2）调查方式：2021年7月16日—23日，经过统一培训的调查员采用面对面问答方式做入户调查，被调查者所回答内容均由调查员填入调查问卷。

（3）问卷剔除标准：①被调查者年龄<20岁；②居住年限<3年；③个例而非普遍的状况；④最终的调查问卷中空缺项>3项。

3. 统计学处理

对调研所获数据采用 Excel 软件进行处理和分析，计数资料运用描述性分析法统计百分比，计量资料运用均值表示，$p<0.05$ 表示差异有统计学意义。

二、调查情况统计

1. 基本情况

本次调查共发放问卷300份，收回有效问卷290份，有效率为96.7%。调查对象中，男性141人（48.6%），女性149人（51.4%）；20~39岁47人（16.2%），40~59岁148人（51.0%），60~79岁87人（30.1%），80岁及以上8人（2.8%）；小学及以下学历135人（46.6%），初中学历80人（27.6%），高中及大学学历75人（25.9%）。（详见表1）

表1 被调查者的一般人口学特征

特征因素	选项	人数	占比/%
性别	男	141	48.6
	女	149	51.4
年龄	20~39岁	47	16.2
	40~59岁	148	51.0
	60~79岁	87	30.0
	>80岁	8	2.8
文化程度	小学及以下	135	46.6
	初中	80	27.6
	高中	64	22.1
	大学	11	3.8

2. 居民饮食情况

本次调查结果显示，当地居民中，饮用自来水的有233人（80.3%），饮用浅井水的有57人（19.7%）；吸烟的有68人（23.4%），不吸烟的有222人（76.6%）；喝酒的有93人（32.1%），不喝酒的有197人（67.9%）。（详见表2）

表2　被调查者饮水、吸烟、喝酒情况

调查项目	选项	人数	占比/%
饮水	自来水	233	80.3
	浅井水	57	19.7
是否吸烟	是	68	23.4
	否	222	76.6
是否喝酒	是	93	32.1
	否	197	67.9

在食用剩菜剩饭方面，有108人（37.2%）不吃剩菜剩饭（见图1）。在饮食的规律性方面，有197人（67.9%）饮食规律（见图2）。以上两项数据表明当地居民的健康意识有所提高。仍有32.1%的人饮食不够规律，主要原因可能是忙于农活，没有固定的时间吃饭。

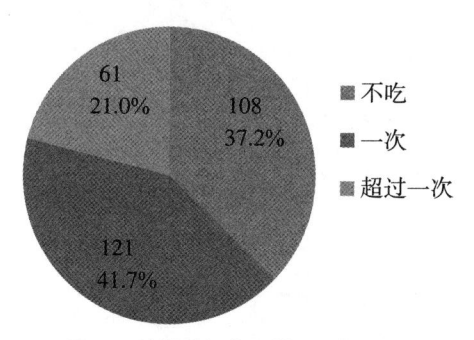

图1　剩菜剩饭食用情况调查结果

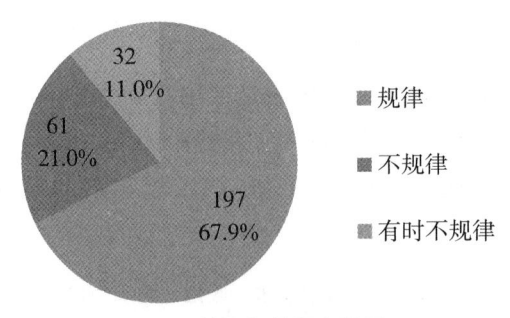

图2 饮食规律调查结果

3. 居民对食管癌的认知情况

调查结果显示，了解和清楚食管癌的共68人，占23.4%；了解和清楚盐亭县为食管癌高发区的共74人，占25.5%；了解和清楚食管癌常见诱因的共66人，占22.8%；了解和清楚食管癌主要症状的共59人，占20.3%；了解和清楚食管癌治疗措施的共28人，占9.7%；了解和清楚食管癌预防措施的共38人，占13.1%。(详见表3)

由此可见，虽然盐亭县为食管癌高发区，但居民对食管癌的认知程度普遍较低，因此当地政府及肿瘤防治工作者应加大食管癌相关知识宣教。

表3 被调查者对食管癌的认知情况

调查项目	调查结果［人数（占比）］			
	不知道	听说过	了解	清楚
是否知道食管癌	76 (26.2%)	146 (50.3%)	55 (19.0%)	13 (4.5%)
是否知道盐亭为食管癌的高发区	119 (41.0%)	97 (33.4%)	47 (16.2%)	27 (9.3%)
是否知道食管癌的常见诱因	176 (60.7%)	47 (16.2%)	53 (18.3%)	13 (4.5%)
是否知道食管癌的主要症状	178 (61.4%)	53 (18.3%)	42 (14.5%)	17 (5.9%)
是否知道食管癌的治疗措施	241 (83.1%)	21 (7.2%)	17 (5.9%)	11 (3.8%)
是否知道食管癌的预防措施	224 (77.2%)	28 (9.7%)	27 (9.3%)	11 (3.8%)

4. 其他情况

调查结果显示，调查对象中，在出现胸痛、吞咽困难等症状时会选择及时就医的有169人（58.3%），有121人（41.7%）不会选择及时就医，而是等待症状自行消退；有59人（20.3%）患有高血压；经常饭后运动的有

157 人（54.1%），占一半以上。（详见表 4）

表 4 其他情况调查结果

调查项目	选项	人数	占比/%
出现胸痛、吞咽困难等症状时是否及时就医	是	169	58.3
	否	121	41.7
是否有高血压	是	59	20.3
	否	231	79.7
是否饭后运动	是	157	54.1
	偶尔	89	30.7
	否	44	15.2

三、调查结论

（1）盐亭县农村居民对食管癌相关知识的知晓率普遍较低。虽然近几年经过肿瘤防治工作者的努力，居民对食管癌的认知水平有所提升，但提升速度仍不理想。此次调查结果显示，了解和清楚食管癌治疗措施的人数均不足 20%，说明相关宣教工作还存在一定不足。

（2）农村居民生活水平不断提高，饮水质量有明显改善：80.3% 的居民饮用自来水。但仍有少部分居民在饮用浅井水，其饮水健康得不到保证。吸烟和喝酒的人占少数，说明居民的健康意识有所增强。就食用剩菜剩饭的情况来看，每天一次及以上的有 182 人（62.8%），说明大部分人对剩菜剩饭的危害认知不足。

（3）有 121 人（41.7%）在出现胸痛、吞咽困难等症状时不会选择及时就医，而是等症状自行消退。其原因可能有二：一是部分居民对食管癌认知不足，加之经济有困难，选择不去就医；二是食管癌早期症状不易被发现，吞咽困难的症状可自行消退，从而被大家忽视。

四、对策建议

（1）当地居民以中老年人为主，文化程度普遍较低，对食管癌相关知识的知晓率也偏低。而知晓食管癌相关知识是有效预防食管癌发生的重要措施，所以当地政府及肿瘤防治工作者应重点关注中老年人，采取多种形式加强宣教，帮助居民提高对食管癌相关知识的知晓水平，增强健康意识。

（2）多项研究表明，饮用水类型、水质与食管癌高发区的"三氮"摄入有关。在盐亭仍有一小部分居民在饮用浅井水，这增大了其患食管癌的风险。因此，当地政府应加快推进自来水的普及，减少居民对含"三氮"水的饮用。

（3）有研究表明，隔夜的剩菜剩饭可能产生致癌物质，对身体健康产生极大危害，增加患食管癌的风险。因此，应倡导当地居民每顿"吃多少，做多少"，少吃剩饭剩菜。

（4）应倡导当地居民多运动，增强饮食的规律性。

参考文献

[1] 贺晓，赵志敏，许洁，等．豫北社区不同诊断年龄食管癌患者生存质量调查［J］．现代预防医学，2013，40（20）：3771-3774．

[2] 夏隐，谭宇亭，范婉秋，等．544名西昌市居民生活意识及习惯、对常见疾病认知度的调查与分析［J］．中国医学创新，2013，10（23）：83-85．

[3] SONG X, LI WQ, HU N, et al. GWAS follow-up study of esophageal squamous cell carcinoma identifies potential genetic loci associated with family history of upper gastrointestinal cancer［J］. Sci. Rep.，2017，7（1）：4642．

[4] 田东，贺巧，王洋，等．食管癌高发区农村居民饮食状况及对食管癌认知调查［J］．川北医学院学报，2010，25（5）：470-473．

[5] 姚祚星．从理论到实践：老年慢病延续护理网络平台的构建［D］．广州：南方医科大学，2014．

【教师点评】

该调查报告以四川食管癌高发区盐亭县为调查区域，调查问卷设计科学，调查数据的处理规范，报告结构合理、逻辑层次清晰，报告结论具有较强的说服力。实践者深入基层，深入民众，结合专业知识分析社会问题，在实践中增强了自己的科研意识，培养了自己的科研能力。报告对当地居民食管癌预防具有一定的现实指导意义，但报告对策建议部分相对单薄，应予加强。

（龚晓琴）

附录：

_____县_____镇_____村（社区）居民对食管癌认知现状及饮食状况调查问卷

您好！

我们是川北医学院暑期"三下乡"医疗服务志愿队的队员。为了促进新农村医疗卫生事业的发展，了解您的健康状况，我们设计了这份问卷。请您根据自己的情况如实填写，在正确的选项上画"√"。感谢您的配合与支持！

1. **一般情况**

性别_____ 年龄_____ 居住年限_____ 职业_____

体重_____ 身高_____ 年收入：_____元

家庭常住人口：①≤2人 ②3~5人 ③≥6人

婚姻状况：①已婚 ②其他（未婚、离异、丧偶）

文化程度：①无受教育经历 ②小学 ③初中 ④高中 ⑤大学及以上

A. 饮水来源：

a. 自来水（经处理）

b. 压井水：①深井水 ②浅井水

c. 挑水：①深井水 ②浅井水 ③泉水 ④池塘水 ⑤河水 ⑥湖水 ⑦地窖水

B. 电：①有 ②无

C. 冰箱：①有 ②无

D. 电饭煲：①有 ②无

E. 电炒锅：①有 ②无

F. 火（主要）：①天然气 ②沼气 ③煤气罐 ④煤 ⑤柴

2. **对食管癌的认知情况**

A. 您是否知道食管癌？

①不知道 ②听说过 ③了解 ④清楚

B. 您是否知道本县为食管癌的高发区？

①不知道 ②听说过 ③了解 ④清楚

C. 您是否知道食管癌的常见诱因？

①不知道　②听说过　③了解　④清楚

D. 您是否知道食管癌的主要症状？

①不知道　②听说过　③了解　④清楚

E. 您是否知道食管癌的治疗措施？

①不知道　②听说过　③了解　④清楚

F. 您是否知道食管癌的预防措施？

①不知道　②听说过　③了解　④清楚

G. 您是否知道政府对食管癌的干预措施？

①不知道　②听说过　③了解　④清楚

H. 您的家庭成员或亲戚是否患过食管癌？

①否　②是（　　　　　　）

I. 您的家庭成员或亲戚是否患过或患有其他肿瘤？

①否　②是（　　　　　　）

J. 您的家庭成员是否患有消化道疾病（胃肠食管炎、溃疡等）？

①否　②是（　　　　　　）

K. 您是否了解食管癌的相关致癌因素？

①不知道　②听说过　③了解　④清楚

L. 您在出现胸痛、吞咽困难等症状时是否及时就医？

①是　②否

M. 您认为有关食管癌的医保政策是否有用？

①是　②否

3. 饮食情况

A. 米饭硬度：①偏硬　②适中　③偏软

B. 菜的咸淡：①偏咸　②适中　③偏淡

C. 食物温度：①偏热　②适中　③偏冷

D. 进食速度：①偏快　②适中　③偏慢

E. 主食内容：①米饭　②面食　③玉米　④其他（　　　　）

F. 是否饮酒：①否　　②是

若选"是"，酒的类型及每日饮酒量：①白酒（_____两/天）　②啤酒（_____瓶/天）

饮酒年限：（　　　）

G. 是否吸烟：①否　②是

若选"否"，家里是否有人吸烟：①否　②是

若选"是"，烟的类型及量：① 香烟（_____包/天）② 叶子烟（_____支/天）

H. 就餐时间：早饭（　　）午饭（　　）晚饭（　　）夜宵（　　）

I. 饮食是否规律：①规律　②不规律　③有时不规律　④特别不规律

J. 喝茶的温度：①烫　②热　③温　④凉

K. 茶的饮用量：①偏多　②适中　③偏少

L. 是否食用霉变食物：①从不　②较少　③经常

M. 是否食用剩菜剩饭：①不吃　②每天一次　③每天超过一次

N. 进食油炸、辛辣的食物：①偏多　②适中　③偏少

4. 家庭近一年的饮食情况和近几年的变化

A. 香肠腊肉：去年共吃_____斤香肠，_____斤腊肉
   近年的变化：①不变　②逐渐增多　③逐渐减少

B. 鲜肉（含鸡鸭鱼肉）：每周大约_____斤或_____次
   近年的变化：①不变　②逐渐增多　③逐渐减少

C. 新鲜蔬菜水果：①多　②一般　③少
   近年的变化：①不变　②逐渐增多　③逐渐减少

D. 豆类制品：①多（每天吃）　②一般　③少
   近年的变化：①不变　②逐渐增多　③逐渐减少

E. 泡菜：①多（每天吃）　②一般　③少
   近年的变化：①不变　②逐渐增多　③逐渐减少

F. 腌菜：①多（每天吃）　②一般　③少
   近年的变化：①不变　②逐渐增多　③逐渐减少

G. 酸菜：①多（每天吃）　②一般　③少
   近年的变化：①不变　②逐渐增多　③逐渐减少

H. 烫热食物：①多（每天吃）　②一般　③少
   近年的变化：①不变　②逐渐增多　③逐渐减少

I. 烧烤食物：①多（每天吃）　②一般　③少
   近年的变化：①不变　②逐渐增多　③逐渐减少

J. 葱蒜：①多（每天吃）　②一般　③少

近年的变化：①不变　②逐渐增多　③逐渐减少

5. 口腔状况

A. 刷牙频率：①不刷牙　②一天一次　③一天两次及以上

B. 牙齿掉落情况：①无掉落情况　②掉落1~6颗　③掉落6颗以上

C. 是否患有牙周炎（口臭、牙龈炎、萎缩）：①是　②否

6. 生活状况

A. 是否有高血压：①是　②否

B. 是否饭后运动：①运动　②偶尔　③从不

谢谢您的合作！祝您身体健康，万事如意！

关于盐亭县富驿镇居民对食管癌认知情况及饮食习惯的调查报告

2019 级临床医学 20 班　何城诚

中国有一句俗语：民以食为天。在我国，食管癌的高发与国人的饮食和生活习惯有着密不可分的关系。根据世界卫生组织（WHO）的报告，2020年中国新发食管癌病例和死亡病例分别高达 32 万例和 30 万例。自 2020 年起，由白求恩公益基金发起，将每年 8 月 24 日定为"食管癌患者关爱日"。

在我国，食管癌的发病呈现出较明显的地域特点，如河南、河北、山西等省份喜食高盐、热烫食物，闽南广东地区喜食热汤和烫饮（热茶），这些地区的食管癌发病率均较高。而在四川这个喜食火锅和腌制食品的大省，食管癌的危害表现得尤为明显，其死亡率常年排在四川省癌症死亡率前三位。据悉，盐亭县是四川省食管癌的高发区，因此，充分了解当地居民的饮食习惯和对食管癌的认知情况是十分重要的，有利于促进新农村医疗卫生事业的发展，为当地今后的饮食健康宣传教育提供有效的数据支持。

一、基本情况

1. 盐亭县富驿镇基本情况

富驿镇东临金安乡，南接永泰乡，西去盐亭县城，北界南部县丘垭乡。总面积 174.8 平方千米，属浅丘陵地带；北高南低，属亚热带湿润气候，平均年降水量在 800 毫米左右，气温在 15~17.3℃，气候温和，适宜多种动植物生长。地下有石油、天然气、膨化土、盐卤等丰富资源。富驿镇辖 4 个社区和 21 个行政村，耕地面积 9 万余亩，林地面积 12 万余亩，总人口 5.7 万人，其中场镇人口 2.2 万人。

2. 调查工作基本情况

本次调查采取的是"问卷调查+走访"的形式。调查问卷包括居民个人基本情况、对食管癌的认知情况、个人饮食情况、家庭饮食情况、口腔状况和生活状况等6个大项，共计56个小项。

本次调查共计发放问卷1000份，回收问卷980份，其中有效问卷900份。调查对象中，男性487名，女性413名。调查对象的基本情况详见表1。

表1 调查对象的基本情况

调查项目	选项	人数	占比/%
年龄	30~40岁	102	11.3
	40~50岁	383	42.6
	50~60岁	256	28.4
	60岁以上	159	17.7
性别	男	487	54.1
	女	413	45.9
学历	无受教育经历	616	68.4
	小学	209	23.2
	初中	52	5.8
	高中	18	2.0
	大学及以上	5	0.6
居住时长	本地人	792	88.0
	外地人且居住不到三年	32	3.5
	外地人且居住超过三年	76	8.5

注：因为食管癌的发展过程较长，本问卷调查将年龄较小的人群排除在外。

二、调查结果

1. 食物选择

四川人是出了名的喜食辣烫食物，这与四川地处盆地、湿气较重有一定关系。同时，四川人的生活方式多样且节奏较慢，一些老年人喜欢坐在茶馆喝茶，一坐便是一下午。

调查发现，被调查者中54.9%的人的食物偏热，58.3%的人每天都要吃辣椒（见表2）。人体的食管黏膜只能承受50℃左右的温度，如果吃的食物很烫、很辛辣，就会对黏膜造成损伤。同理，刚泡好的茶，温度将近90℃，也超过了黏膜可承受的温度。如果经常吃烫的食物，黏膜反复损伤就会出现溃疡，久而久之就易诱发食管癌。

表2 富驿镇居民饮食情况调查结果

调查项目	选项	人数	占比/%
饭菜温度	较热	494	54.9
	适中	295	32.8
	较冷	111	12.3
吃辣椒的频率	每天都吃	525	58.3
	几天吃一次	307	34.2
	很少吃	68	7.5
饭菜咸淡	偏咸	480	43.3
	适中	307	44.1
	偏淡	113	12.6
饭菜硬软	偏硬	516	57.3
	适中	308	34.2
	偏软	76	8.5

此外，四川还是食用咸菜的大省，盐亭县的特产酸菜更是一绝。在富驿镇，人们经常会选择酸菜配白米饭，其原因主要有二：一是这两种食物都方便贮存、不易发霉；二是做农活的人需要补充盐分，酸菜可以满足这一需求。调查结果显示，被调查者中43.3%的人吃的菜偏咸，57.3%的人吃的饭偏硬。而咸菜在腌制过程中会产生较多的亚硝酸盐，虽然亚硝酸盐本身不具有致癌性，但亚硝酸盐在进入人体的胃之后，会在胃肠道的酸性环境下和胃内的蛋白分解物合成，最终形成致癌物亚硝胺。亚硝胺具有很强的致癌作用，容易引起食管癌。

2. 抽烟饮酒情况

有研究表明，烟草中含有致癌物质，会刺激食管黏膜，诱发食管癌。而酒精同样会造成口腔、食管、胃的慢性损伤，促进有毒物质的吸收，也是一种促癌剂。在日常生活中避免烟酒的摄入，可以有效预防食管癌，且有助于患者康复。调查发现，被调查者中42.7%的人经常抽烟，32.2%的人经常喝酒，并且多为白酒（见表3）。这是造成该地食管癌发病率高的原因之一。

表3　富驿镇居民抽烟饮酒情况调查结果

调查项目	选项	人数	占比/%
喝酒	经常	290	32.2
	偶尔	251	27.9
	从不	359	39.9
抽烟	经常	384	42.7
	偶尔	136	15.1
	从不	380	42.2

3. 口腔护理情况

调查结果显示，被调查者中只有31.6%的人会一天刷两次牙，有22.3%的人不刷牙（或以清洁假牙代替清洁口腔）。这充分说明富驿镇居民长期忽视口腔健康问题，缺乏相应的护理基础知识。

4. 对食管癌的认知情况

调查结果显示，被调查者中有62.6%的人不了解食管癌的发病机制，59.8%的人不清楚食管癌的预防方法（见表4）。这说明当地居民对食管癌重视不足，政府应加大宣传教育力度，提高宣传教育的实效。

表4　富驿镇居民对食管癌的认知情况调查结果

调查项目	选项	人数	占比/%
食管癌发病机制	不了解	563	62.6
	较为了解	285	31.7
	了解	52	5.7
食管癌预防方法	不清楚	538	59.8
	较为清楚	336	37.4
	清楚	26	2.8

三、对策建议

（1）加大食管癌有关知识的宣传力度。例如：可制作一些介绍食管癌发病机制、预防知识的视频，在该镇广场上的大屏幕上播放，以加强本地居民对食管癌的了解和重视。

（2）大力发展公益健康医疗服务。当地政府应尽可能地为中老年人提供一些便利服务或优惠政策，使 40 岁以上的居民能每年做一次全身体检，关注自身健康状况。

（3）大力发展地方经济，提升教育水平。不健康的生活方式，往往与较为落后的经济、教育发展有密切关系。要使当地居民从根本上改变不健康的饮食习惯、卫生习惯，需要从经济、教育等方面下功夫。

【教师点评】

实践者坚持学以致用的原则，充分发挥专业优势，以科学普及食道癌相关知识为切入点，指导当地居民科学化饮食习惯，体现了实践者在服务社会中的责任担当。调查报告的选题具有较强的现实针对性，调查样本量较为丰富，调查数据的处理也较为清楚，但报告对策建议部分相对空洞化，有待进一步完善。

（龚晓琴）

大竹县四合镇医护人员职业幸福感调查报告

2019级临床医学23班　熊　栩

幸福感是对一个人的自我生活和情绪状态的满意程度的综合评价,也是衡量个人和社会生活的质量的心理指标。[1]医护人员长期处于高强度、高压力、高负荷的工作状态,他们的职业幸福感需要得到关注。职业幸福感强的医护人员不仅仅是社会中的宝贵医疗资源,更是推进医疗事业深入改革的重要动力。更进一步说,医护人员的职业幸福感的强弱直接关系到医疗质量的好坏。[2]

四合镇,隶属于四川省达州市大竹县,地处大竹县东南部。[3]2011年末,四合镇有卫生院1个,村医疗站5个,医疗点7个,病床21张,专业医护人员39人。本次调查围绕四合镇卫生院医护人员的职业幸福感展开,旨在分析影响乡镇医护人员职业幸福感的因素,为医院管理者提供决策参考,从而更好地调动乡镇医护人员工作积极性,提供更加优质的医疗品质。

一、调查对象与研究方法

1. 调查对象

本次调查的对象为四合镇的医护人员。

2. 调查方法

本次调查采用调查问卷的形式。调查员向调查对象详细介绍本次调查的目的、内容和意义后,请调查对象借助"问卷星"完成调查员发布的问卷。本次调查共发放问卷25份,回收25份,其有效问卷21份,问卷回收率100%,有效率84%。

3. 统计分析方法

采用SPSS软件进行数据统计和分析。

二、调查结果及分析

1. 不同性别的乡镇医护人员的职业幸福感差异比较

调查结果（见表1）显示，整体而言，乡镇医疗机构中男性医护人员的职业幸福感显著高于女性医护人员。这可能与当今女性的社会角色有关。受传统观念影响，仍有不少人认为女性应将更多的时间和精力用于家庭，这使得女性在很多时候需要兼顾事业和家庭，从而造成女性的职业幸福感显著低于男性。

调查结果还显示，在有机会获得更高薪的工作时，大部分乡镇医护人员会选择放弃当前的工作，其中男性的比例又显著高于女性。这可能与如今乡镇医疗机构所面临的困境有关。在新型农村合作医疗全面落实，国家卫生投入略微增高的情况下，乡镇医护人员依旧面临着工资待遇偏低、工作条件偏差、社会地位偏低、工作压力偏高、职业风险偏大等诸多问题。同时男性普遍被认为是家里的顶梁柱，承载着更多的期望，也更加渴求更高收入。鉴于此，建议相关部门应加大对乡镇卫生院的投入和关心，以提升乡镇医护人员的职业幸福感。

表1 不同性别的乡镇医护人员的职业幸福感差异比较

调查项目	男（$n=6$）	女（$n=15$）	F	p
您对该职业的社会地位感到满意吗？	2.00±0.00	2.40±0.91	1.123	0.303
您对您的薪资满意吗？	2.50±0.55	2.73±0.96	0.307	0.586
您的价值在医院中得到了体现吗？	2.17±0.41	2.40±0.51	1.000	0.330
您对医院的假期满意吗？	2.50±0.84	2.87±0.74	0.975	0.336
如果有薪资更高的工作，您会放弃医院的工作吗？	2.33±1.03	2.27±0.80	0.025	0.875

注：* $p<0.05$，** $p<0.01$。

2. 不同工作年限的乡镇医护人员职业幸福感影响因素比较

调查结果（见表2）显示，整体而言，刚进入医疗行业的乡镇医护人员的职业幸福感最高。这可能是因为他们刚开始工作，对一切都充满好奇，对工作保持着较高的热情。但值得注意的是，在调查中也有部分新入行的乡镇医护人员表示"付出和收入不对等""加班过多"。

对于工作年限超过 3 年的乡镇医护人员而言，影响其职业幸福感的最主要因素是"领导和患者的不理解"，其次是"付出和收入不对等""工作氛围不和谐"。这可能是因为他们自认为已具有一定的工作经验，但仍不足以得到领导和患者的信任。

对于工作年限超过 5 年的乡镇医护人员而言，"工作氛围不和谐"已不是影响其职业幸福感的主要因素。这可能是因为他们的工作经验已较为丰富，在同事之中容易受到尊重。但是，他们在工作中遇到的问题更加复杂，在逐渐认识到工作环境改善和薪资提升的可能性不大后，对工作的积极性也有所降低。此外，随着年龄的增长，他们对自身健康也越来越担心。

表 2 不同工作年限的乡镇医护人员职业幸福感影响因素比较

调查项目	1~3 年($n=13$)	3~5 年($n=3$)	5 年以上($n=5$)	F	p
付出和收入不对等	0.77±0.44	0.67±0.58	0.80±0.45	0.084	0.920
加班过多	0.85±0.38	0.33±0.58	0.80±0.45	1.853	0.185
工作氛围不和谐	0.31±0.48	0.67±0.58	0.40±0.55	0.614	0.552
领导和患者的不理解	0.38±0.51	1.00±0.00	0.80±0.45	2.939	0.079
对自身健康的担心	0.38±0.51	0.33±0.58	0.80±0.45	1.376	0.278

注：* $p<0.05$，** $p<0.01$。

3. 不同岗位的乡镇医护人员提升职业幸福感的方式的差异

调查结果（见表 3）显示，临床医生更希望在工作上得到上级的表扬及同事的肯定，在生病时得到领导及同事的关怀；护理人员和后勤人员更在乎薪资水平的提高；医技人员在提升职业幸福感的方式上没有明显的倾向性，上述方式都可以提升他们的职业幸福感。这种差异可能与各自的工作环境和工作性质有关。临床医生的薪资相较于其他岗位的医护人员更高，他们更加渴望体现自身价值，获得他人的认可以及关怀。而护理人员和医生一样直接接触患者，但并不像医生那样受人尊重，容易与患者产生摩擦，心理压力较大，薪资水平也较低。后勤人员不用上夜班，生活规律，工作压力较小，但薪资也较低。医技人员不直接接触患者，工作压力和强度相对较小。

表3 不同岗位的乡镇医护人员提升职业幸福感的方式的差异

调查项目	调查结果（平均值±标准差）				F	p
	临床医生（$n=7$）	护理人员（$n=6$）	医技人员（含药剂师）（$n=4$）	后勤人员（$n=4$）		
举办集体活动，如球赛、游园等	0.43±0.53	0.33±0.52	0.75±0.50	0.50±0.58	0.520	0.674
同事聚餐	0.43±0.53	0.00±0.00	0.50±0.58	0.50±0.58	1.453	0.263
工作上得到上级的表扬及同事的肯定	0.71±0.49	0.50±0.55	0.75±0.50	0.00±0.00	2.402	0.103
生病时得到领导及同事的关怀	0.86±0.38	0.50±0.55	0.50±0.58	0.25±0.50	1.429	0.269
提高薪资水平	0.43±0.53	1.00±0.00	0.75±0.50	0.75±0.50	1.889	0.170

注：* $p<0.05$；** $p<0.01$。

三、对提升乡镇医护人员职业幸福感的几点思考

医护人员长期从事高技术性、高风险性工作，因此处在巨大的压力之下。[5]乡镇医护人员担负着守护广大农民群众健康的重任，但同时面临着工作条件较差、薪资报酬较低、晋升发展机会较少等问题，致使其在主观上的职业幸福感较城市里的医护人员低。[6]因此，关注乡镇医护人员的职业幸福感是相关部门必须高度重视的现实问题。研究显示，医护人员获得认同、身处和谐的医疗团队、有较高的薪资待遇均会提升他们的职业幸福感。[7]通过调查乡镇医护人员的职业幸福感现状及其影响因素，我们可以更有针对性地从精神和物质两方面着手，提升医护人员的职业幸福感。

1. 医护人员应树立正确的幸福观

医护人员要坚持社会主义核心价值观，树立全心全意为人民服务的思想，坚守救死扶伤、悬壶济世的理想；要刻苦钻研、不怕辛劳，努力提高自身技术水平；要保持良好的心态，处理好与患者和领导之间的关系，增进与同事之间的感情；要有强烈的职业荣誉感，充分认可、喜爱、享受自己的工

作,同时还要加强自身素质的培养,合理安排工作、学习和生活的时间。

2. 要完善薪酬制度,保证医护人员薪资待遇的公平

薪酬制度不完善、薪资结构不合理,会导致部分乡镇医护人员的付出与收入不对等,进而导致其工作积极性不高、工作效率低下、工作态度不佳。长此以往,还容易导致优秀人才大量流失。因此,要提升乡镇医护人员的职业幸福感,就要有关部门完善薪酬制度,保证薪资待遇的公平性。

3. 正确引导社会舆论方向,创造和谐工作环境

医院管理层应为医护人员创造和谐的工作环境,对其进行精神和物质两方面的鼓励。国家应出台相关法律,切实维护医护人员的合法权益,增强医护人员对职业的安全感。相关部门及媒体还应该正确引导社会舆论方向,绝对不能为博取眼球,对医疗机构和医护人员进行有失公允的报道。

参考文献

[1] DIENER E. Subjective well-being [J]. Psychological Bulletin,1984,95(3):542−575.

[2] 孟润堂,宇传华,何振. 医务人员幸福感研究进展 [J]. 中国健康心理学杂志,2014,22 (11):1754−1757.

[3] 国家统计局农村社会经济调查司. 中国县域统计年鉴·2020（乡镇卷）[M]. 北京:中国统计出版社,2021:500.

[4] 中华人民共和国民政部. 中华人民共和国政区大典·四川省卷 [M]. 北京:中国社会出版社,2016:3615.

[5] 杨婵娟,刘玉平,王旭荣,等. 医生的心理健康状况调查 [J]. 中国健康心理学杂志,2008,16,(5):562−563.

[6] 易兰,吴华. 乡镇医院医务人员总体幸福感现状及其特点研究 [J]. 遵义医学院学报,2011,34 (3):310−311.

[7] 贺晓鸣. 基于医生主观幸福感的行业文化建设策略研究 [D]. 杨凌:西北农林科技大学,2014:5.

【教师点评】

该调查报告以大竹县四合镇医护人员为对象,调查基层医护人员职业幸

福感，在统计数据后发现了其中的规律并做出一定的分析。报告包含了调研报告的基本要素，结构较完整，调查问卷的设计比较科学，数据统计分析的方法也比较合理，得出的结论具有一定的可信度。但是，在调查结果原因分析的过程中运用了较多具有主观性的"可能"字眼，使其论证的客观性和论证的力度打了折扣。此外，该报告最后一部分"对提升乡镇医护人员职业幸福感的几点思考"还可进一步展开，以免给人浅尝辄止、意犹未尽之感。

（江海粼）

附录：

乡镇医护人员职业幸福感调查问卷

第1题 您的性别是（   ）。

选项	小计	占比
男	6	28.57%
女	15	71.43%
本题有效填写人次	21	

第2题 您的年龄区间是（   ）。

选项	小计	占比
20～25岁	15	71.43%
26～30岁	2	9.52%
31～35岁	2	9.52%
36～40岁	0	0%
40岁以上	2	9.52%
本题有效填写人次	21	

第3题 您的学历是（   ）。

选项	小计	占比
中专	1	4.76%
大专	5	23.81%
本科	13	61.9%
研究生	2	9.52%
博士	0	0%
本题有效填写人次	21	

第4题　您的婚姻状况是（　　）。

选项	小计	占比
未婚	16	76.19%
已婚	5	23.81%
本题有效填写人次	21	

第5题　您的职称是（　　）。

选项	小计	占比
高级	0	0%
中级	2	9.52%
初级	8	38.1%
无职称	11	52.38%
本题有效填写人次	21	

第6题　您的岗位是（　　）。

选项	小计	占比
临床医生	7	33.33%
护理人员	6	28.57%
医技人员（含药剂师）	4	19.05%
后勤人员	4	19.05%
本题有效填写人次	21	

第7题　您的工作年限是（　　）。

选项	小计	占比
1~3年	13	61.90%
3~5年	3	14.29%
5年以上	5	23.81%
本题有效填写人次	21	

第8题　您对该职业的社会地位感到满意吗？

选项	小计	占比
非常满意	3	14.29%
满意	10	47.62%
一般	7	33.33%
不满意	1	4.76%
本题有效填写人次	21	

第9题　您对您的薪资满意吗？

选项	小计	占比
非常满意	2	9.52%
满意	6	28.57%
一般	10	47.62%
不满意	3	14.29%
本题有效填写人次	21	

第10题　您觉得影响您职业幸福感的主要因素有哪些？（多选）

选项	小计	占比
付出和收入不对等	16	76.19%
加班过多	16	76.19%
工作氛围不和谐	8	38.1%
领导和患者的不理解	12	57.14%
对自身健康的担心	10	47.62%
本题有效填写人次	21	

第11题　您觉得这份工作对您来说有趣吗？

选项	小计	占比
轻松愉快	2	9.52%
一般般	14	66.67%

续表

选项	小计	占比
勉强过得去	4	19.05%
枯燥无味	1	4.76%
本题有效填写人次	21	

第12题　您觉得哪种激励方式会使您感到满足？

选项	小计	占比
物质激励	11	52.38%
职位晋升	8	38.1%
精神激励	2	9.52%
本题有效填写人次	21	

第13题　您的价值在医院中得到体现了吗？

选项	小计	占比
得到充分体现	0	0%
得到较大体现	14	66.67%
基本得到体现	7	33.33%
没得到体现	0	0%
本题有效填写人次	21	

第14题　如果有机会从事薪资更高的工作，您会放弃医院的工作吗？

选项	小计	占比
非常愿意	3	14.29%
愿意	11	52.38%
一般	5	23.81%
不愿意	2	9.52%
本题有效填写人次	21	

第15题　以下哪些方式可以提高您的职业幸福感？（多选）

选项	小计	占比
举办集体活动，如球赛、游园等	10	47.62%
同事聚餐	7	33.33%
工作上得到上级的表扬及同事的肯定	11	52.38%
生病时得到领导及同事的关怀	12	57.14%
提高薪资水平	15	71.43%
本题有效填写人次	21	

第16题　您对医院的假期满意吗？

选项	小计	占比
很满意	1	4.76%
满意	6	28.57%
一般	11	52.38%
不满意	3	14.29%
很不满意	0	0%
本题有效填写人次	21	

第17题　您对提高乡镇医护人员的职业幸福感有哪些建议？请简要回答。（填空）

_____
_____
_____
_____

四川省凉山彝族自治州女子受教育现状调查报告

2019级医学影像学2班　余林泽

为探究四川省凉山彝族自治州女子受教育对贫困代际传递的阻断作用，川北医学院医学影像学院"学四史，守初心"青年团员赴凉山西昌社会实践志愿服务队联合凉山州第一人民医院，在西昌市区、马道镇及礼州镇开展了该地区彝族女子受教育现状调查，并期望通过进一步的分析，发现彝族女性受教育程度对当地经济社会发展、子女受教育程度、家庭富裕程度、乡村振兴的影响，为进一步改善四川彝族女子受教育现状提供有益建议。

一、调查对象与调查方法

1. 调查对象

本次调查采用问卷形式，所涉地区包括西昌市区、马道镇及礼州镇等多个彝族聚居地。受访者均为女性。共发放纸质问卷300份，收回有效问卷282份，有效率为94.00%。受访者中彝族女性占63.27%，汉族女性占36.73%；46.26%的受访者接受过9年以上的教育。

2. 调查方法

（1）文献研究法。

我们查阅了多年来有关贫困代际传递的研究文献，并结合凉山州政府工作报告了解了凉山州彝族女子受教育现状。

（2）问卷调查法。

本次调查制作了"四川省凉山彝族自治州女子受教育对阻断贫困代际传递的作用调查问卷"，问卷分为"个人和家庭基本情况"和"凉山州彝族女子受教育及贫困代际传递情况"两个板块。

本次调查采用简单随机抽样的方法，于2021年7月23日到8月13日进行。调查员在启动调查前均经过统一培训。调查过程中，以面对面问答为主、个人访谈为辅，并对无法理解选项意义的受访者做出详尽解释，尽可能地保证问卷数据的真实性和有效性。

（3）数据分析方法。

在纸质问卷回收完毕后，先使用"问卷星"完成数据转换，然后利用Excel将问卷合并，剔除无效问卷，最后使用R语言和SPSS 28.0进行统计学分析。

二、调查结果

1. 凉山彝族自治州基本情况

凉山地区有着特殊的地理环境，自然条件较为恶劣，交通不便，信息闭塞，甚至在民主改革之前仍处于奴隶社会状态。由于这种特殊的历史背景，当地一部分人的思想观念较落后，对教育不够重视。民族地区基础教育落后问题在一定程度上阻碍了我国教育发展，不利于"全面小康"战略目标的实现。[1]2019年，凉山州有6.09万名失辍学适龄儿童少年被劝返复学，"学前学会普通话"行动全面推广。[2]虽然彝族地区的教育事业取得了巨大成就，但不容忽视的是，彝族地区的教育发展现状相较其他地区仍显落后，有巨大提升空间。

2. 凉山地区女性受教育状况

截至2020年末，凉山州共有各级各类学校914所，在校学生98.4万人，其中少数民族学生73.0万人，学校专任教师5.75万人，比2019年增加0.94万人。基础教育方面，有小学741所，招生10.22万人，在校学生62.39万人，学龄儿童入学率99.72%，其中少数民族学龄儿童入学率99.78%；有初中133所，招生9.00万人，在校学生25.59万人；有高中40所，招生2.56万人，在校学生7.32万人。职业教育方面，有中等专业和技术职业学校5所，在校学生8903人；有职业高中11所，在校学生2.21万人。高等教育方面，西昌学院在校学生20121人，其中少数民族学生3842人。[3]

经本次调查得出，受访者的平均受教育时间为（9.67±4.87）年，中位数是9年。汉族受访者的平均受教育时间为（10.89±3.54）年，中位数是12年；彝族受访者的平均受教育时间为（8.87±5.40）年，中位数是9年。由此可知，当地汉族女子的平均受教育时间比彝族女子多2.02年，中位数多3年。由表1可知，在学历分组中，汉族、彝族人数占比差异最大的在初中组，汉族人数占比为彝族的2.17倍，而彝族女子中仅受过小学教育的人数占比远超过汉族，为汉族的2.89倍。在未接受过教育组，彝族人数占比是汉族的5.7倍。

表1 凉山地区女子受教育状况

民族	没上过学	小学	初中	高中	中专、中技	大专	大学本科及以上
汉族	3.0%	8.9%	34.7%	15.8%	14.9%	8.9%	13.9%
彝族	17.1%	25.7%	16.0%	10.9%	4.0%	12.0%	14.3%

比较不同年龄组的平均受教育时间的差异，可以发现，14~25岁受访者的平均受教育时间比56岁以上的受访者增加了8.29年，其中，彝族女子平均受教育时间增加了8.92年，远高出同期汉族女子4.98年的增幅。可喜的是，汉族、彝族女子之间的受教育水平差距在逐渐缩小，由7.26年缩减至2.28年（见表2）。这说明在过去的三十多年中，在少数民族区域实施义务教育宣传及适龄儿童义务教育权的普法教育所取得的成效是值得肯定的。

表2 不同年龄组的平均受教育时间变化

单位：年

对比项	年龄组				
	14~25岁	26~35岁	36~45岁	46~55岁	56岁以上
汉族平均受教育时间	13.60	11.88	10.04	9.55	9.66
彝族平均受教育时间	11.32	7.95	4.58	6.30	2.40
受教育时间差距	2.28	3.93	5.46	3.25	7.26

3. 受访者未继续接受教育的原因

调查结果显示，受访者未继续接受教育的原因包括"家庭负担过重，支付不了学费"（41.67%）、"家里需要劳动力"（14.88%）、"不喜欢学校的课"（14.29%）、"自己认为上学没用"（9.52%）、"家长重男轻女，认为上学没用"（2.98%）（见图1）。选择"其他"的受访者中，因个人成绩不好而没能进入高中继续接受教育的占了绝大部分。由此可知，凉山地区重男轻女的思想已经有了极大的转变，而家庭负担重和劳动力缺乏等问题亟待解决。

原因	比例
家庭负担过重，支付不了学费	41.67%
家里需要劳动力	14.88%
不喜欢学校的课	14.29%
自己认为上学没用	9.52%
家长重男轻女，认为上学没用	2.98%
其他	16.66%

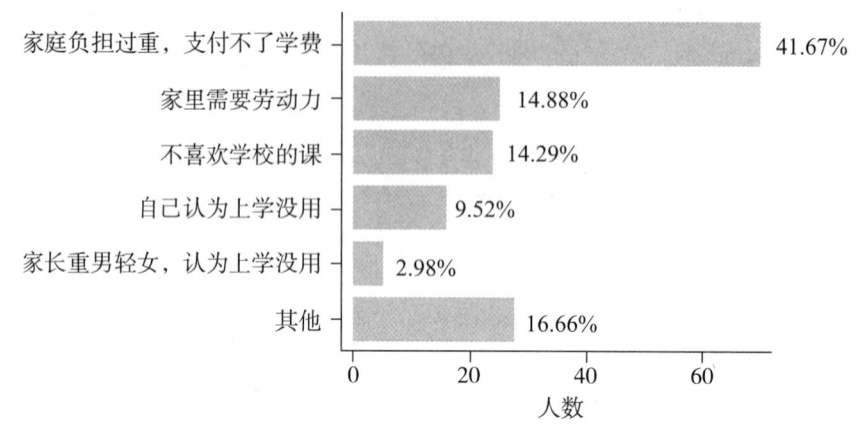

图1 未继续接受教育的原因调查结果

4. 受访者求学环境

将受访者按年龄分组，对比不同年龄段的受访者的求学环境，由对比结果可知，求学环境在逐年改善，学校规模、学校硬件、教师数量均有大幅提升（见图2，颜色越深表示人数所占比例越大）。这种变化正是改革开放和普及义务教育带来的。

城乡之间、学校之间的教育资源差距会制约基础教育的均衡发展。将受访者目前学历与教师数量、学校规模和硬件设施进行 Spearman 秩相关性检验，结果显示，受访者学历与教师数量、学校规模和硬件设施均存在正相关关系（$r=0.390$，$p<0.001$；$r=0.350$，$p<0.001$；$r=0.300$，$p<0.001$）。由此可知，如果当地能增加教育方面的基础设施建设投入，改善当地教师和支教教师的待遇及教学环境，提高教师地位，那么当地的平均教育水平就能得到提升。

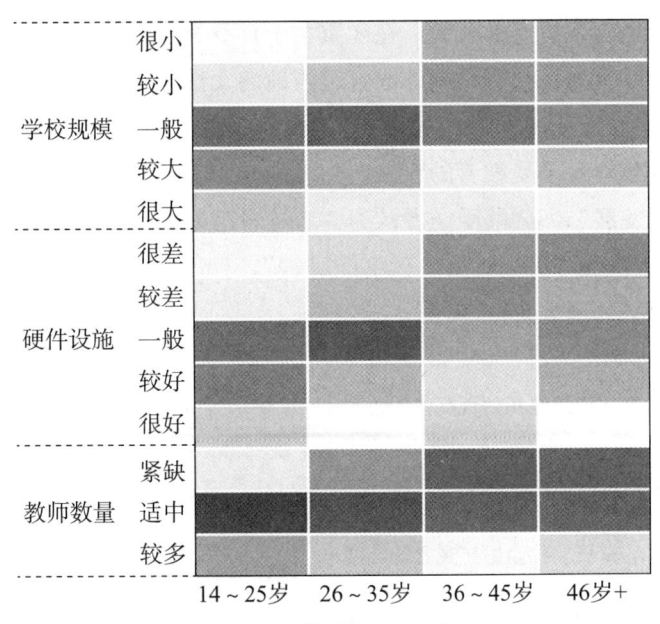

图2 求学环境调查结果

5. 受访者学历和其父母学历的相关性

将受访者的受教育时间与其父母的受教育时间进行 Pearson 相关性检验，结果显示，受访者受教育时间与父母受教育时间存在正相关关系（$r=0.530$，$p<0.001$；$r=0.440$，$p<0.001$）。由此可知，做好义务教育法的宣传工作十分重要，能有效防止因家族中长辈的受教育程度低、教育观念落后而导致适龄儿童失学等现象的发生。在发放问卷的过程中，调查员发现当地仍存在家中长辈不愿供孩子读书的情况。如今，凉山地区每年有70余万名义务教育阶段学生被免除学杂费和教科书费，有20余万名寄宿制贫困学生享受生活补助；彝族地区免费职教和藏族地区"9+3"免费教育计划深入实施，初中毕业生基本实现应读尽读。[4]

6. 受访者对改善教育问题的期望

在受访者家庭中，有22.78%的家长对家中女孩的学历持无所谓的态度。受访者中，认同改善彝族地区女子受教育状况的关键措施是靠女子自己努力的占75.83%，认同靠改变家长、社会思想观念转变的占75.09%，认同靠国家政策以及教育宣传的占71.37%，认同靠改善学校基础设施和师资配备改善的占57.00%（见图3）。由此可以看出，在彝族地区女子受教育方面，当地已经有了思想的转变，在注重女子自身努力的同时，也渴望国家政策的帮扶，以及当地教育设施的改善；当地的女性学生也希望获得家长及社会的支持。

至于对彝族女子受教育的看法，88%的受访者认为"有必要读书，读书能有更好的发展"，8%的受访者认为"看她自己能力，成绩好就供她读书"，3%的受访者认为"可以读书，读书能赚钱"，1%的受访者认为"女孩迟早要嫁人，没必要读太多"（见图4）。

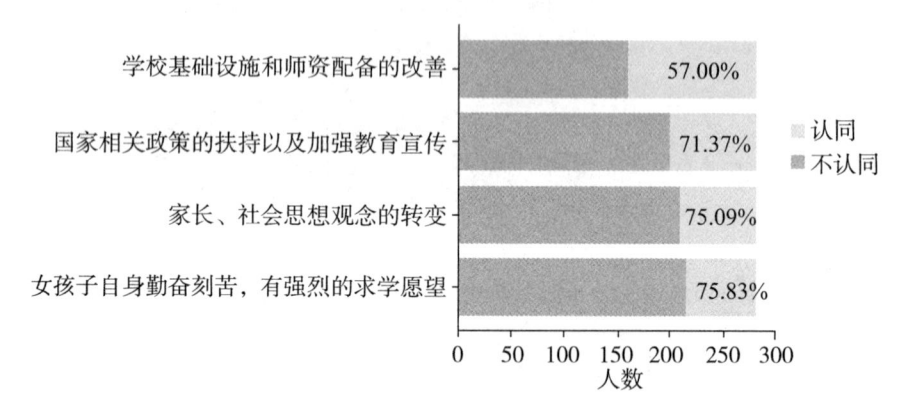

图3 改善彝族地区女子受教育现状的关键措施调查结果

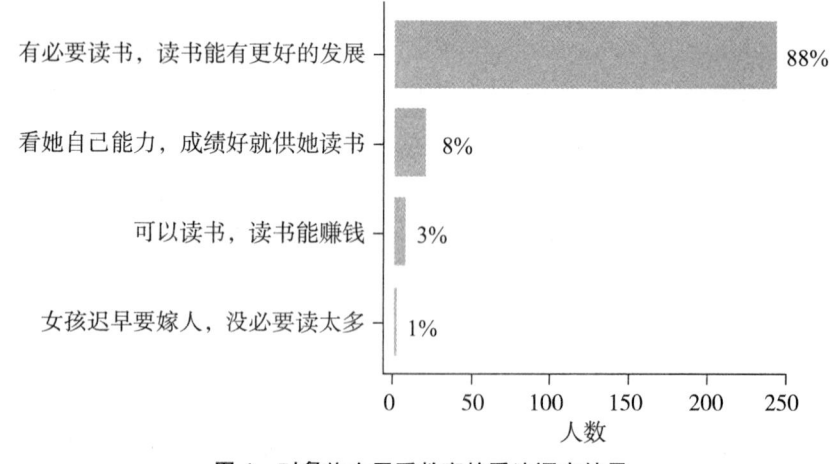

图4 对彝族女子受教育的看法调查结果

7. 受访者对教育扶贫政策的了解情况

在受访者中，仍有38.43%的人不了解教育扶贫政策。受访者了解较多的教育扶贫政策是学杂费、书本费减免等各类国家、社会补助，了解较少的

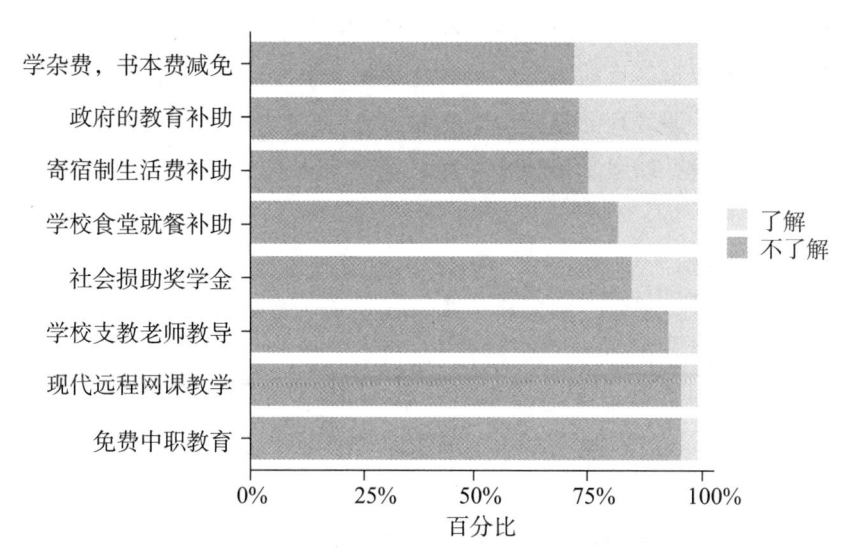

政策为免费中职教育及现代远程网课教学（见图5）。

图5　受访者对教育扶贫政策了解情况调查结果

三、对策与建议

针对"家庭负担过重"这一问题，2015年印发的《关于集中力量打赢扶贫开发攻坚战 确保同步全面建成小康社会的决定》指出，从2016年起，凉山彝族自治州实施15年免费教育，这极大地缓解了凉山彝族地区多子家庭的求学压力。此外，还可通过一系列政策为少数民族家庭提供更多提高收入的机会、更好的社会保障等，进而为少数民族适龄儿童提供更有力的家庭支持，更有效地提升少数民族家庭中适龄儿童受教育的机会。[5]例如，新疆地区的"内初班""内高班"等。

针对"不喜欢学校课程"这一问题，可以通过大力发展线上课程缓解，使优质师资和教学资源更容易获取。偏远地区可采用"辅导员＋集中网课"的模式，先集中偏远地区的学生，再集中授课。授课点建立良好的网络硬件环境，保证授课过程流畅；同时设置辅导员，负责引导学生，记录学生情况等，并定期对学生进行家访。还可以建立对口支援机制，让凉山地区的学生享受到更好的教育。此外，还要注重教师的培养，通过相应政策吸引教师，增加教师外出进修的机会。

针对"不了解当地的教育扶贫政策"这一问题，需要基层单位如居委会和村委会等一起努力，争取把相关政策宣传到每一个人，不让任何一个适龄儿童掉队。要使教育资源向女性倾斜，增加相应的资金投入，如建设相应的女子学校。彝族地区目前实行"9+3免费职业教育计划"，但是在此次调查中发现，受过中职教育的彝族女性仅占4%。要加大力度推进彝族地区女子的职业技术教育，增强其社会竞争力。

参考文献

［1］阿乌五各木，罗霞. 凉山彝区基础教育救助面临的问题及其对策［J］. 红河学院学报，2021，19（1）：58-61.

［2］《凉山州2020年政府工作报告》［EB/OL］.（2020-06-08）［2022-10-15］. http://www.lsz.gov.cn/ztzl/lszt/2020lslh/gzbg/202005/t20200508_1592965.html.

［3］《凉山州2020年国民经济和社会发展统计公报》［EB/OL］.（2021-05-06）［2022-10-15］. http://tjj.lsz.gov.cn/sjfb/lstjgb/202105/t20210506_1899812.html.

［4］《凉山州2021年政府工作报告》［EB/OL］.（2021-04-09）［2022-10-15］. http://www.lsz.gov.cn/ztzl/rdzt/2021lh/hywj_40027/202104/t20210401_1868626.html.

［5］吕利丹，刘小珉. 西部民族地区农村学龄儿童基础教育现状和影响因素——基于家庭背景和地区教育资源的研究视角［J］. 中南民族大学学报（人文社会科学版），2017，37（3）：54-8.

［6］罗青. 论临沧市跨界民族地区基础教育发展的现状及对策［J］. 楚雄师范学院学报，2017，32（6）：32-6.

［7］唐晓辉，兰小钦. 教育助力凉山彝区乡村振兴的实践与思考［J］. 乡村振兴，2020（8）：87-9.

【教师点评】

该调查报告以西昌市区、马道镇及礼州镇等多个彝族聚居地的女性为调查对象，调研四川省凉山彝族自治州女子受教育对贫困代际传递的阻断作用。其目标明确，方法妥当，调查对象的选择与分类科学合理，数据统计分析得当，对西昌地区女子受教育状况、不同年龄组的平均受教育时间变化、未继续接受教育的主客观原因分析具有较高的可信度。但是，该项调查的最终目标是探究凉山彝族自治州女子受教育对贫困代际传递的阻碍作用，因此还应增加对受访者生活水平的调查，并分析二者之间的联系，以便后续研究的顺利展开。

（江海粼）

老年人使用智能手机现状调查及对策探究

——以绵竹市齐天镇为例

2019级麻醉学4班　杨喧琦

　　随着现代科技的飞速发展，智能手机自问世以来不断更新换代，被人们广泛应用于社会生活的各个领域。总体来说，智能手机使人与人之间的沟通更加便捷，也使生活更方便、更有趣。

　　有关数据显示，截至2020年6月，中国已有9.4亿网民，其中60岁以上老年网民占10.3%。同时，中国99.2%的网民使用智能手机上网。这就意味着，中国的互联网上活跃着约9600万"银发族"。在手机App的使用方面，有调查显示，老年人不仅在使用理财、购物、广场舞等App，也钟爱美颜相机和全民K歌等潮流App。如今，随着老年人使用智能手机越来越普遍，清楚掌握老年人使用智能手机的现状显得越来越重要，这有利于为老年人营造更加安全、便捷且有助于提升生活幸福感的智能手机使用环境。

一、调查对象与方法

1. 调查对象

　　以绵竹市齐天镇的老年人为调查对象，用随机抽样方法进行问卷调查。本次调查共发放问卷271份，收回有效问卷248份，有效率为91.5%。

2. 调查内容

　　调查内容包括：调查对象的一般情况（如性别、出生日期、文化程度、婚姻状况等），是否使用智能手机及使用现状（如使用智能手机的目的、每天使用智能手机的时长、使用智能手机给生活带来的变化等）。

3. 调查方法

　　调查团队运用"问卷星"设计了调查问卷，并打印出纸质版。2021年7

月，在绵竹市齐天镇以面对面访谈和受访者自填问卷相结合的方式完成问卷填写，并当场收回问卷。

4. 统计分析

剔除无效问卷后，采用 EpiData 3.1 录入数据，导出 xlsx 文件，并利用 SPSS 22.0 进行数据分析。

二、调查情况

1. 调查对象的基本情况

本次调查共收回有效问卷 248 份。这 248 位受访者中，从性别来看，男性 114 人（45.97%），女性 134 人（54.03%）；从年龄来看，"60 后"100 人（40.32%），"50 后"72 人（29.03%），"40 后"61 人（24.60%），"30 后"15 人（6.05%）；从文化程度来看，小学及以下文化程度的 147 人（59.27%），初中文化程度的 67 人（27.02%），高中（含中专、技校）文化程度的 22 人（8.87%），大专及以上文化程度的 12 人（4.84%）；从职业来看，116 人（46.77%）为农民，41 人（16.53%）为工人，91 人（36.70%）为其他职业；从居住状态来看，33 人（13.31%）为独居老人，43 人（17.34%）生活在大家庭中，63 人（25.40%）同子女一起居住，其余 109 人（43.95%）与配偶一同居住。

2. 使用智能手机的比例及智能手机来源

调查结果显示，有 168 名（67.74%）老年人正在使用智能手机，其中 126 名老年人（75.00%）的智能手机由自己的子女或孙子孙女购买，10 名老年人（5.95%）的智能手机由伴侣购买，自己购买智能手机的有 32 名（19.05%）。

3. 使用智能手机的目的

调查结果显示，168 名正在使用智能手机的老年人中，有 110 人（65.48%）是为了更便捷地与家人联系，有 58 人（34.52%）则是为了适应科技社会的发展。调查结果还表明，老年人使用智能手机的范围广，涉及的软件多。在 168 人中，有 166 人（98.80%）会使用智能手机与子女联系，有 67 人（39.88%）会使用智能手机看短视频、电视剧以及进行社交联系，有 53 人（31.55%）会使用智能手机看新闻及电子书等。

4. 每日使用智能手机的时长及出现的状况

说起"网络成瘾",很多人会首先想到青少年。实际上,随着通信技术的发展和智能手机的普及,很多老年人对手机的痴迷程度不亚于青少年。很多人认为,老年人既不用工作,又不用学习,玩手机打发时间也没什么坏处。其实,老年人沉迷手机也会产生健康、心理和安全问题。近年来,关于"网瘾老年"的报道屡见不鲜。[1]本次调查中,168名正在使用智能手机的老年人每日的使用时长见表1。在使用智能手机的过程中,有老年人会产生特别的情绪,例如,因智能手机是高科技产品而感到害怕(10人,5.95%),或因智能手机操作复杂而感到紧张(139人,82.74%);也有老年人会出现身体乃至心理上的一些状况,如颈椎酸痛、用眼过度导致眼部患病、失眠等。调查结果显示,168名正在使用智能手机的老年人中有122人会出现以上状况,占比高达72.62%。

表1 绵竹市齐天镇老年人每日使用智能手机的时长调查结果

时长	人数（占比）
小于1小时	42人（25.00%）
1～3小时	68人（40.47%）
3～5小时	30人（17.86%）
大于5小时	28人（16.67%）

5. 对智能手机的满意度

调查结果显示,168名正在使用智能手机的老年人中,有167人(99.40%)表示智能手机对生活有很大帮助。在问及智能手机的作用是否达到预期时,有158人(94.05%)表示达到甚至超出了预期,仅有10人(5.95%)表示未达预期。

关于智能手机对生活有哪些帮助,有127人(76.05%)认为智能手机使自己与家人、朋友的联系更加紧密,有85人(50.90%)认为利用智能手机获取信息更加便捷,有38人认为智能手机提升了自己的适应能力(22.75%),见表2。

表 2　智能手机对生活有哪些帮助调查结果

有哪些帮助（多选）	回复人数（占比）
获取信息更加便捷	85（50.90%）
打发空闲时间	81（48.50%）
获得愉悦感	47（28.14%）
与家人、朋友联系更紧密	127（76.05%）
提升自己的适应能力	38（22.75%）

注：该问题有 1 人未作答，故实际回答人数为 167 人。

三、结果分析及对策建议

1. 关于智能手机每日使用时长及相应状况的建议

本次调查结果显示，绝大多数老年人使用智能手机的目的有二：一是方便与家人联系，二是更好地适应现代社会发展。从调查数据来看，多数老年人每日使用智能手机的时间偏长，老年人智能手机成瘾率达 16%，成瘾分数显著低于常模水平（$p<0.01$）；手机成瘾越严重，言语记忆越差（$p<0.01$），视觉空间记忆（$p<0.01$）和注意力分数（$p<0.01$）明显偏高。[2] 因此，家庭成员以及社会相关部门应在平时的生活中帮助老年人学会多样化使用智能手机，多花时间陪伴老年人，鼓励他们适度接触科技新产品，不能一味沉迷于智能手机。

2. 关于智能手机的便捷性及使用满足感的建议

本次调查了解到，不少老年人会因为智能手机操作复杂而感到紧张，还有部分老年人对智能手机的作用并不满意。对此，我们可以通过开办老年人网络技术学习班、优化影视软件和视频对话软件、增加服务性的功能、设计更人性化的操作界面、加强政策指导作用等手段[3]，解决老年人操作智能手机软件困难的问题，让老年人能够真正体验到科技生活的便捷，从而提高老年人对智能手机的使用率，增强老年人生活的幸福感与满足感[4]。

参考文献

[1] 金金,李春波. 被忽视的"网瘾老年"[J]. 大众医学,2021(8):52-53.

[2] 王飞,王彩杰,杨绍清. 老年人智能机使用、成瘾现状及认知功能研究[J]. 现代交际,2020(10):38-40.

[3] 李彪,宋泽宇,曹艺,等. 老年用户智能手机应用使用现状调查与研究[J]. 科学技术创新,2019(24):78-79.

[4] 陈琦,陈铎葆. 智能手机对老年人生活幸福感的影响及对策[J]. 东南传播,2020(4):84-97.

【教师点评】

该调查报告以四川省绵竹市齐天镇的老年人为对象,调查他们使用智能手机的情况,在对统计数据进行规范分析后发现了其中的规律并做出了相应的分析。调查问卷的设计科学合理,贴合老年人使用手机的实际情况。问卷选取的样本数量合适,男女比例相当,能够较客观地反映出老年人使用智能手机的真实情况,可信度较高。该报告给出的对策建议具有一定的可操作性,但内容较单薄,应该进一步关注"老年人个人调整+家庭成员陪伴+社会多样化帮助"多措并举的协同效果。

(李美娟)

附录：

老年人使用智能手机现状调查问卷

亲爱的爷爷/奶奶：

您好！我们是川北医学院的学生。为了解老年人对智能手机的使用状况，我们请您用几分钟时间填写这一份问卷。本次问卷调查实行匿名制，不会泄漏您的信息，请您放心如实填写。

对象筛查：询问对方最近是否参加过此项调查，若"是"，则结束对该对象的调查。

一、基本信息

1. 您的性别是（　　）。

   A. 男　　　　　　　　　　B. 女

2. 您出生于（　　）年（　　）月。

3. 您的文化程度是（　　）。

   A. 小学　　　　　　　　　B. 初中

   C. 高中/中专/技校　　　　D. 大专

   E. 大学本科　　　　　　　F. 研究生及以上

   G. 未受过学校教育

4. 您的婚姻状况是（　　）。

   A. 未婚　　　B. 已婚　　　C. 丧偶　　　D. 离婚

5. 您的职业是（　　）。

   A. 农民　　　B. 工人　　　C. 服务人员　　　D. 商业人员

   E. 一般干部　　　　　　　F. 处级以上干部

   G. 科教文卫工作者　　　　H. 其他

6. 您的民族是（　　）。

   A. 汉族　　　B. 回族　　　C. 藏族

   D. 苗族　　　E. 彝族　　　F. 其他

二、现状调查

7. 您是否正在使用智能手机？（　　）

   A. 是　　　　　　　　　　B. 否

（若第 7 题选"否"，则以下问卷不填）

8. 您的手机由谁购买？（　　）

   A. 自己　　　　　　　　　　B. 子女或孙子孙女

   C. 伴侣　　　　　　　　　　D. 其他亲属

9. 您的居住状态是（　　）。

   A. 大家庭　　　　　　　　　B. 与子女居住

   C. 与配偶两人居住　　　　　D. 独自生活

10. 您使用智能手机期间用得最多的功能是什么？（　　）

    A. 与子女联系　　　　　　　B. 刷短视频、看电视剧

    C. 看新闻或电子书　　　　　D. 手机支付

    E. 听音乐或相声　　　　　　F. 社交联系

    G. 其他

11. 您选择智能手机的目的是什么？（　　）

    A. 适应社会的发展　　　　　B. 与家人联系更加便捷

12. 您每天使用智能手机的时长是（　　）。

    A. 小于 1 小时　　　　　　　B. 1~3 小时

    C. 3~5 小时　　　　　　　　D. 大于 5 小时

13. 您曾因为使用智能手机出现过以下哪种情况？（　　）

    A. 颈椎酸痛　　B. 用眼过度　　C. 失眠

14. 您曾因为使用智能手机出现过以下哪种或哪些情绪？（　　）

    A. 因为智能手机是高科技产品而感到害怕

    B. 因为智能手机操作复杂而感到紧张

    C. 没有特别的情绪

15. 您觉得使用智能手机的好处是什么？（　　）

    A. 获取信息更加便捷

    B. 打发空闲时间

    C. 获得愉悦感

    D. 与家人、朋友联系更紧密

    E. 提升自己的适应能力

16. 您曾有因为使用智能手机而对其他东西失去兴趣的情况吗？（　　）

    A. 从来没有　　B. 偶尔　　　　C. 经常

17. 以下几种娱乐活动，您更愿意选择哪种或哪些？（　　）
　　A. 陪伴家人　　　　　　　　B. 打麻将或扑克
　　C. 跳广场舞　　　　　　　　D. 玩手机
　　E. 与朋友外出或闲聊
18. 您认为智能手机对您的生活有帮助吗？（　　）
　　A. 很有帮助　　　　　　　　B. 帮助不大
19. 智能手机的作用是否达到了您的预期？（　　）
　　A. 超出预期　　B. 达到预期　　C. 未达预期

感谢您的参与！

眉山市东坡区市民
抵制网络造谣的法律意识现状调查

2019级医学影像学4班　席禹贝

互联网的快速发展，一方面给人们的生活带来了极大的便利，另一方面也为网络谣言的滋生提供了温床。互联网的开放性、即时性使谣言的传播范围极广、扩散速度极快、所造成的危害极大。而互联网的匿名性使谣言制造者和传播者更加猖狂。在受害者寻求法律帮助的实践中，一部分人可能会咨询律师，选择民事侵权的救助途径；一部分人考虑到侵权行为不严重、维权成本过高，往往选择放弃司法途径；还有很多受害者甚至不知道法院可以受理刑事自诉案件，往往自认倒霉。

针对网络造谣的法律知识普及迫在眉睫。2021年1月1日正式施行的《中华人民共和国民法典》明确规定：民事主体享有人格权，其中就包括肖像权、名誉权、隐私权等权利。人格权受到侵害的，受害人有权依法要求行为人承担民事责任。情节严重的甚至会涉嫌违反刑法。根据相关司法解释，同一诽谤信息实际被点击、浏览达到5000次以上，或者被转发次数达到500次以上的，即可认定"情节严重"，可构成诽谤罪。编造虚假的险情、疫情、灾情、警情，在信息网络或者其他媒体上传播，或者明知是上述虚假信息，故意在信息网络或者其他媒体上传播，严重扰乱社会秩序的，处3年以下有期徒刑、拘役或者管制；造成严重后果的，处3年以上7年以下有期徒刑。根据《中华人民共和国民法典》规定，网络服务提供者接到侵权行为通知后，应当及时转送相关网络用户。网络用户可以提交不存在侵权行为的声明。网络服务提供者应当将该声明转送发出通知的权利人，并告知其可以向有关部门投诉或者向人民法院提起诉讼。

为增强市民的法律意识，让市民认识到网络造谣的严重后果，学会用法律武器维护自己的权益，本调查团在眉山市东坡区开展了此次调查。

一、调查对象和调查方法

1. 调查对象

以眉山市东坡区常住居民为调查对象。采用简单随机抽样方法，以问卷自填形式展开调查。

2. 调查方法

调查团自行设计调查问卷，其内容包括：市民的基本情况，对网络造谣的看法和态度，对网络造谣相关法律法规的认知（了解途径、看法、建议），市民面对谣言采取的做法（旁观者和当事人角度）。随机走访市区内人流量较大的公共场所，让调查对象通过"问卷星"填写问卷。

二、调查结果及分析

1. 基本情况

本次调查共发放问卷 220 份，收回有效问卷 208 份，有效率为 94.5%。其中，男性占 41.3%，女性占 58.7%。年龄方面，18 岁以下的占 8.65%，18～35 岁的占 59.62%，35～55 岁的占 22.12%，55 岁以上的占 9.62%。文化水平方面，小学及以下学历的占 4.81%，初中学历的占 9.62%，高中及中专学历的占 20.19%，大专及大学以上学历的占 65.38%。职业方面，学生占 45.19%，公务员占 13.46%，公司职员占 22.60%，工人及农民占 12.50%，其他占 6.25%。

2. 对网络造谣行为的接触情况

调查结果显示，市民花费时间最多的社交软件中，排前几位的依次是 QQ/微信、抖音等短视频软件、微博、豆瓣等论坛软件。女性使用社交软件的时间比男性长，18～35 岁的群体使用社交软件的时间最长，也最经常看到谣言。

36.12% 的市民经常在网络上看到谣言，49.45% 的市民偶尔在网络上看到谣言，14.43% 的市民从未在网络上看到过谣言。92.79% 的市民从未编造过谣言。

在看到一条网络信息后，75.96% 的市民会等待调查结果而不随意传播，

17.31%的市民会稍加分辨后传播，4.81%的市民毫不在意，1.92%的市民会不溯源和求证而直接从众传播。大专及大学以上学历的人群最少传播谣言，可见学历高的群体对谣言的辨别意识更强。

3. 关于网络造谣的法律意识

调查结果显示，85.58%的市民认为网络造谣无论是否匿名都要承担法律责任，71.42%的市民坚决反对网络造谣行为，14.29%的市民认为不具伤害性、攻击性的信息可以编造，纯属娱乐。88.46%的市民在网上发言时能同时意识到所要承担的法律责任和道德责任，11.54%的市民只意识到道德责任。

84.62%的市民未系统地学习过与网络造谣相关的法律法规。在学习途径方面，83.46%的市民是从社交平台了解和学习，71.42%的市民是从身边的家人、朋友那里了解和学习，18.27%的市民是通过课程了解和学习。

关于网络造谣需承担的责任，74.04%的市民能同时意识到民事责任、刑事责任、行政责任，14.42%的市民忽视了行政责任，8.65%的市民忽视了刑事责任，2.88%的市民忽视了民事责任。

对于"杭州女子取快递被造谣，造谣者被判有期徒刑一年缓刑两年"一案，85.58%的市民认为是依法办事，需要引以为戒。在惩罚力度方面，大部分（79.33%）市民认为惩罚力度合适，而小部分（14.42%）市民则认为惩罚力度较轻。

当本人被严重造谣时，大部分（80.29%）市民会立即寻找法律途径维护自己的人身权益，小部分（14.90%）市民知道法律途径但因起诉造谣者会花费大量时间和金钱而放弃，还有极少数（4.80%）市民不知道能通过法律途径维护自己的权益。

本次调查中，绝大多数市民（96.63%）从未被网络造谣伤害过。在被网络造谣伤害过的市民中，只有28.57%的市民运用法律武器维护了自己的权益，剩下的市民（71.43%）则没有采取措施。

在制止网络造谣现象需加强或完善的措施方面，最受认可的是提高公众自身辨别意识，其后依次是完善相关法律法规，加大对谣言制造者和传播者的惩罚力度，管束社交媒体对谣言的传播，大力开展辟谣活动。

三、对策建议

（1）完善相关法律法规并严格执行。应依法加强对传播不实信息的平台和个人的惩治。对于在自媒体中传播不实言论、实施网络暴力、盲目宣泄情绪的行为，应加大惩戒力度。

（2）加强对社交媒体的监管。媒体作为信息发布的平台和"把关人"，应当严格核实信息，加强内容管理，不盲目带动舆论导向。应推进网络特别是自媒体信息实名制，增强谣言溯源能力。还可借助大数据技术进行谣言监管与控制。另外，提高媒体人特别是自媒体人的职业素养与职业道德也十分重要。媒体人应当坚持良好的新闻道德操守，自觉遵守网络道德规范，坚决抵制低俗、媚俗、庸俗等不利于社会发展的观点或思想，传播客观真实信息，传播符合社会主义核心价值观的正面信息，传播正能量的信息。

（3）增强公众的辨别意识和能力。不仅要减小不实信息的影响，还应培养公众的思辨能力，培养公众健康的信息处理习惯。应从义务教育和家庭教育抓起，提升公众知识素养、法律素养和道德素养。公众通过互联网等渠道获取信息时，应当学会辨别真假信息，并积极使用法律赋予的权利，举报网络谣言，避免让更多人受到伤害。

（4）加大辟谣的力度。政府相关部门应建立权威的信息发布平台，完善信息发布机制，提高政府的公信力。应进一步提高主流媒体的影响力、公信力，加快主流媒体的响应速度，积极通过主流媒体辟谣，还原事实真相。

【教师点评】

该调查报告以四川省眉山市东坡区常住居民为对象，调研当地居民关于网络造谣的法律意识。调研选题契合了当下的社会热点问题，具有较高的理论与现实价值。问卷设计贴合实际、重点突出，能够获取到较为客观的"第一手"素材。报告给出的对策建议也能够直抵问题的症结，具有较强的参考性和借鉴性。但由于近年来中国网民规模和互联网普及率呈逐年飞速上升的趋势，因此相对而言这项调查选取的样本数量偏小，调查对象的覆盖面略窄，导致最终结论的说服力稍显不足。

（李美娟）

附录：

关于眉山市东坡区市民网络造谣法律意识的调查问卷

您好！我是来自川北医学院的大学生，为了解眉山市东坡区市民对于网络造谣的认识，提高市民的法律意识和维权意识，现开展此次问卷调查。本次调查采用匿名方式，保证对您提供的所有信息严格保密，不会给您带来任何不良影响，请您放心参与。感谢您的配合！

一、基本信息

1. 您的年龄是（　　）。
①18 岁以下　　②18～35 岁　　③35～55 岁　　④55 岁以上

2. 您的性别是（　　）。
①男　　　　　　　　　　　　②女

3. 您的文化程度是（　　）。
①小学及以下　　　　　　　　②初中
③高中/中专　　　　　　　　④大专/大学及以上

4. 您的职业是（　　）。
①学生　　　　②公务员　　　③公司职员
④工人农民　　　　　　　　　⑤其他

5. 您上网花费时间最多的社交软件是（　　）。（多选）
①微博　　　　　　　　　　　②抖音等短视频软件
③豆瓣等论坛软件　　　　　　④QQ/微信
⑤其他

二、对网络造谣的看法

1. 您对网络上匿名随意造谣行为的看法是（　　）。（多选）
①在匿名制的社交平台上可以随意发言，不用追究责任
②无论是否匿名，造谣都要承担法律责任
③可以编造不具有伤害性、攻击性的信息，纯属娱乐
④坚决反对造谣的行为
⑤其他

2. 您在网络上看到谣言的频率是（　　）。
①从未　　　　②偶尔　　　　③经常

3. 您是否在网络上编造过谣言？（　　）

①从未　　　　　　②偶尔　　　　　　③经常

4. 您对"杭州女子取快递被造谣，造谣者被判有期徒刑一年缓刑两年"一案怎么看？（　　）（多选）

①依法办事，符合社会主义核心价值观，需引以为戒

②过于夸张，罪不至此

③惩罚轻了

④惩罚重了

⑤惩罚合适

⑥其他

三、关于网络造谣的法律意识

1. 您在网上发言时是否意识到您所要承担的法律责任和道德责任？（　　）

①只意识到法律责任　　　　　　②只意识到道德责任

③两者都有　　　　　　　　　　④两者都无

2. 您是否系统学习过与网络造谣相关的法律法规？（　　）

①是　　　　　　　　　　　　　②否

3. 您一般从什么地方了解和学习与网络造谣相关的法律法规？（　　）（多选）

①社交平台（如微博、抖音等）

②课程学习

③通过家人和朋友

④其他

4. 您认为网络造谣需承担哪些责任？（　　）（多选）

①民事责任，即散布谣言侵犯了公民个人的名誉权或者侵犯了法人的商誉，要承担停止侵害、恢复名誉、消除影响、赔礼道歉及赔偿损失的责任

②刑事责任，即散布谣言构成犯罪的要依据《刑法》的规定追究刑事责任。如编造虚假的险情、疫情、灾情、警情，在信息网络或者其他媒体上传播，或者明知是上述虚假信息，故意在信息网络或者其他媒体上传播，严重扰乱社会秩序的；或者以暴力或者其他方法公然侮辱他人或者捏造事实诽谤他人，情节严重的。此类犯罪行为要受到有期徒刑、拘役或者管制等刑事

处罚

③行政责任，即散布谣言，谎报险情、疫情、警情或者以其他方法故意扰乱公共秩序的，或者公然侮辱他人或者捏造事实诽谤他人的，尚不构成犯罪的，要受到拘留、罚款等行政处罚

④其他

5. 要制止网络造谣现象，您认为需加强或完善的措施是（　　）。（多选）

①加大对谣言制造者和传播者的惩处力度

②完善相关法律法规

③加强对社交媒体的管束

④增强公众自身的辨别意识

⑤大力开展辟谣活动

四、面对网络谣言时的做法

1. 您在看到一条网络信息后一般会怎么做？（　　）

①毫不在意，与我无关

②不溯源和求证，直接跟随大众转发传播

③等待调查，不随意传播

④稍加思考分辨后再传播

2. 您是否被网络造谣伤害过？（　　）

①是　　　　　　　　　　②否

注：若选"否"，则跳至第4题。

3. 您当时采取了怎样的做法？（　　）

①用法律武器维护了自己的权益

②没有采取措施，让时间来证明

③其他

4. 您本人被严重造谣时会怎么做？是否知道维护自己权益的途径？（　　）

①不知道可以通过法律途径维护自己的权益

②立刻寻找法律途径维护自己的人身权益

③知道法律途径，但起诉造谣者时间长、花费多，故放弃

感谢您的参与！

当前教育环境下准高三学生心理压力现状调查

——以仁寿中学为例

心理卫生健康协会赴眉山市仁寿县实践服务队

（刘　彤　肖荔月　朱蜀南　赵九洲）

高考作为选拔人才的重要机制，是高中学子必然面对的一关。在学习任务不断加重、学习气氛不断紧张的情况下，部分准高三学生可能因为过度紧张、焦虑而出现过多的负面情绪，需要家长、老师等给予科学的心理疏导。这方面的研究成果很多，例如，隋丙义在《高三心理辅导切忌扩大化》一文中指出，部分中学过早对学生施加高考压力，是不恰当的；李凤在《高三学生生活事件、睡眠质量和心理健康的关系研究》中，进一步探究了影响高三学生心理压力的相关因素。在国家层面，2021年7月23日教育部发布《教育部办公厅关于加强学生心理健康管理工作的通知》，要求进一步提高对中学生心理健康问题的重视程度。由此可见，深入了解准高三学生心理压力现状并积极寻找缓解其心理压力的科学措施，具有非常重要的意义。

一、调查对象及方法

1. 调查对象

以四川省眉山市仁寿县仁寿中学全体高二学生为调查对象。调查内容包括：基本情况（性别、学科），准高三学生心理压力现状（压力级别、压力来源、影响程度、心理量化评比、积极消极状态评价），不良心理状态的预防及解决措施（个人干扰、家长措施、学校措施）。

2. 调查方法

课题组自行设计科学合理的问卷。在2021年暑假期间发放问卷，待调查对象独立填写完毕后以班级为单位进行问卷回收。

3. 统计学方法

剔除无效问卷后,采用 Epidata 3.1 进行数据录入,利用 SPSS 19.0 软件进行数据分析。

二、调查结果

1. 基本情况

本次调查共发放问卷 400 份,回收 370 份,其中有效问卷 358 份,回收率 92.5%,有效率 96.7%。358 名学生中,男生 177 人(49.4%),女生 181 人(50.6%)。

2. 仁寿中学准高三学生心理压力现状

对学生反馈的不同压力状况按以下标准赋分:很小——1 分;较小——2 分;一般——3 分;较大——4 分;很大——5 分。按不同影响因素进行分类加总,各因素得分如下:人际关系 423 分,学习成绩 781 分,家庭困扰 274 分,经济问题 169 分,恋爱问题 25 分,其他 65 分。

由表 1 所示的统计分析结果可以看出,年级排名靠前与准高三学生心理压力的关系无统计学意义。

表 1 年级排名对准高三学生心理压力的影响

年级排名	心理压力				
	很小	较小	一般	较大	很大
前 10%	3	1	11	8	3
10%~30%	0	3	29	25	0
30%~50%	2	4	49	42	2
50%~70%	3	1	42	43	3
70% 以后	6	3	26	22	6
χ^2	25.659				
p	0.059				

注:该项调查有效作答人数为 337 人。

3. 影响准高三学生心理压力的潜在因素

由表2、表3所示的统计分析结果可以看出：男生（41.5%）的心理压力相较女生（39.8%）更大，但性别与准高三学生心理压力的关系无统计学意义；理科班（48.5%）心理压力相较文科班（48.3%）略大，但学科类别与准高三学生心理压力的关系无统计学意义。

表2　性别对准高三学生心理压力的影响

性别	心理压力		
	较小	一般	较大
男生	18	85	73
女生	8	101	72
χ^2	5.16		
p	0.076		

注：该项调查有效作答人数为357人。

表3　学科类别对准高三学生心理压力的影响

学科	心理压力		
	较小	一般	较大
文科	8	52	56
理科	17	103	113
艺体	0	0	0
χ^2	0.025		
p	0.988		

注：该项调查有效作答人数为349人。

4. 缓解心理压力的解决措施趋向

调查结果显示，要改善心理现状，66.5%的准高三学生趋向于改善学习方法，35.5%的准高三学生趋向于缓解心理压力，68.4%的准高三学生趋向于合理安排学习时间，54.5%的准高三学生趋向于确定方向感，49.2%的准高三学生趋向于增强学习兴趣，24%的准高三学生趋向于其他解决措施。

三、分析讨论

1. 影响仁寿中学准高三学生心理压力的主要因素

由调查结果可知,影响仁寿中学准高三学生心理压力的各因素中,排在首位的是学习成绩(781分),其后依次是人际关系(423分)、家庭困扰(274分)、经济关系(169分)、恋爱(25分)。而年级排名对于仁寿中学准高三学生心理压力的影响较小。罗熙在《西安市高三学生心理健康现状及影响因素新探》一文中也通过研究发现,高三学生的各种心理健康问题中,学习焦虑问题最严重,其次是对人焦虑、过敏倾向、身体症状等。孙雨竹、陈刚在《学生高考前考试焦虑状况及其影响因素研究》一文中也提到,考试焦虑者在高考前更多采取消极应对方式。可见,准高三学生在学习成绩方面特别焦虑,对其心理压力影响最大。

2. 缓解准高三学生心理压力的措施

(1) 缓解学习压力。针对准高三学生必然面对的学习焦虑问题,部分学校会通过组织大型课外活动来缓解,如组织登山、游园活动等,借此达到鼓舞士气、振奋精神的作用。部分教师也会根据学生的实时学习情况开展谈心、谈话,以发现问题所在。有研究表明,对高三学生进行考前心理干预,可以起到有效缓解学生心理压力的作用。因此,学校应积极从准高三学生学习成绩、学习方法、考试心态等方面进行积极的心理干预,以缓解准高三学生的心理压力。

(2) 营造良好学习氛围。根据调查结果,人际关系、家庭困扰对准高三学生心理压力的影响仅次于学习成绩。因此,学生、学校、家长应密切配合,及时发现和消除影响学生情绪的负面因素,营造良好的学习氛围。

参考文献

[1] 张金凤. 高三学生高考前心理状态调查及心理干预效果的分析 [J]. 中国医药指南,2014,12(14):375-376.

[2] 李凤. 高三学生生活事件、睡眠质量和心理健康的关系研究 [D]. 南昌:江西师范大学,2012.

[3] 罗熙. 西安市高三学生心理健康现状及影响因素新探 [D]. 西安:陕

西师范大学，2011.

[4] 教育部办公厅关于进一步加强高校学生管理工作和心理健康教育工作的通知 [J]. 中华人民共和国教育部公报，2004（Z1）：43-44.

[5] 隋丙义. 高三心理辅导切忌扩大化 [J]. 人民教育，2003（9）：38.

【教师点评】

该调查报告以四川省眉山市仁寿中学准高三学生为对象，调查他们的心理压力，在统计数据后发现了其中的规律并做出了一定的分析。调研问卷选取的样本数量合适，男女比例相当，体现出问卷设计的科学性、合理性。这篇调查报告数据翔实，具有较高的可信度。但在分析原因时略显粗浅，仅指出了准高三学生心理压力的影响因素，并没有从理论的角度分析这些影响因素以怎样的机制或方式影响学生心理，这也导致后面缓解学生心理压力的措施不够有力。

（王驰）

附录

眉山市仁寿县准高三学生心理压力现状调查问卷

亲爱的同学：

  你好！首先感谢你对此次问卷调查的支持！我们是来自川北医学院的大学生，开展此次问卷调查是希望详细了解准高三学生的心理压力状况，并根据调查结果探究更好的解决方法。此调查采用匿名形式，一切数据仅供参考，请你根据自身情况作答，让我们共同寻找有效的解决方案。

一、基本情况

1. 你的性别是（　　）。

  A. 男　　　　　　　　　B. 女

2. 你所学的学科类别是（　　）。

  A. 文科　　　　B. 理科　　　　C. 艺体

3. 你最近一次考试在全年级的排名是（　　）。

  A. 前10%　　　B. 10%~30%　　C. 30%~50%

  D. 50%~70%　　　　　　E. 70%以后

4. 你父亲的文化程度是（　　）。

  A. 小学及以下　　B. 初中　　　　C. 高中

  D. 大学或大专　　　　　　E. 研究生以上

5. 你母亲的文化程度是（　　）。

  A. 小学及以下　　B. 初中　　　　C. 高中

  D. 大学或大专　　　　　　E. 研究生以上

二、心理现状

1. 面对即将到来的高三生活，你的心理压力如何？（　　）

  A. 很小　　　　B. 较小　　　　C. 一般

  D. 较大　　　　　　　　　E. 很大

2. 您目前的心理压力对你学习和生活的影响有多大？（　　）

  A. 很小　　　　B. 较小　　　　C. 一般

  D. 较大　　　　　　　　　E. 很大

3. 你认为目前影响你情绪的最大因素是什么？（　　）（多选）

  A. 人际关系　　B. 学习成绩　　C. 家庭困扰

D. 经济问题　　　E. 恋爱　　　　F. 其他

4. 你认为自己目前最需要解决的问题是什么？（　　）（多选）

A. 改善学习方法　　　　　　B. 缓解心理压力

C. 合理安排学习时间　　　　D. 没有目标感

E. 缺乏学习兴趣　　　　　　F. 其他

三、量化调查（请在你所选答案对应方框内打"√"，如有其他需要，请在题目后添加）

1——完全不符合；2——有些不符合；3——中立；4——有些符合；5——完全符合

调查项目	1	2	3	4	5
我感到目前学习目标明确，有清晰的努力方向					
我感到生活顺畅，能够影响我情绪的因素很少					
我希望通过学习来实现自己理想中的追求					
面对身边努力的同学，我感到一定的压力和紧张					
坦白说，我不知道为什么要学习，也不想学习					
我觉得需要调整一下自己现在的状态					
我认为适当的课外活动能够帮助我更好地学习					
如果能和父母或老师交谈，我能缓解不好的情绪					
如果能和身边的朋友或同学交谈，我能缓解不好的情绪					
如果能够进行相关专业的心理咨询，我能缓解不好的情绪					

四、现有心理状况调查（请在你所选答案对应方框内打"√"，如有其他需要，请在题目后添加）

1——完全不符合；2——有些不符合；3——中立；4——有些符合；5——完全符合

调查项目	1	2	3	4	5
我可以自由地做自己					
我感到被爱和关心					
我感到没信心和能力不足					

续表

调查项目	1	2	3	4	5
我觉得自己有能力和效率					
我感到亲密和密切的关系					
我感到约束和身不由己					
我感觉在班上我比较活跃					
我感觉最近我的心情是快乐的					
我感觉我最近的心情是放松的					
我感觉我最近的心情是紧张的					
我感觉我最近的心情是难过的					
我感觉我最近的心情是害怕的					

本次问卷调查到此结束。非常感谢你的参与，祝你生活愉快，学业进步！